OR

'E TOD

E
NKEN

GABRIEL DE SAINT VICTOR

DER GEZÄHMTE TOD

WIE STERBENDE HOFFNUNG SCHENKEN

Sankt Ulrich Verlag

Titel der Originalausgabe: La mort apprivoisée. Message d'espoir de ceux qui partent à ceux qui restent

Übersetzt von Gabriele Stein

Bibliographische Information der Deutschen Bibliothek

Die Deutsche Bibliothek verzeichnet diese Publikation in der Deutschen Nationalbibliographie; detaillierte bibliographische Daten sind im Internet über http://dnb.ddb.de abrufbar.

Titclbild: photocase
Umschlaggestaltung: uv media werbeagentur
Mediengruppe Sankt Ulrich Verlag, Augsburg
Druck und Bindung: Ludwig Auer GmbH, Donauwörth
Printed in Germany
ISBN 978-3-86744-102-5
www.sankt-ulrich-verlag.de

Inhalt

Vorwort 7

Man weiß nie! 15

Noch soviel zu tun! 19

Sie sind noch nicht tot! 23

Ein Mitbruder! 27

Taufe 32

Auf dem Weg nach Emmaus 35

Knoten lösen 40

Die Kinder nicht fernhalten 44

Die Wahl des Gesprächspartners 50

Apropos Krankensalbung ... 53

Ist Freude erlaubt? 59

„Wasser ...“ 61

Vorsicht vor der Leibgarde! 63

Und wieder Leibwachen! 66

„Das Beste, was ich getan habe ...“ 68

Der letzte Blick 70

Sie können nicht mehr! 72

Was erwarten sie? 74

Leinen los! 76

„Sie müssen gehen!“ 78

Sie hat gewartet! 80
Einsamkeiten 83
Ohne Worte 85
Das Gebet der Armen 91
Ökumene! 93
Habt keine Angst ... 99
Und immer entstehen Bindungen ... 102
Bis daß der Tod euch scheidet ... 106
Pläne schmieden 108
Einäscherung? 112
Sicherheit 114
Eine jüdische Familie! 116
Es ist nie zu spät 118
Freundschaft 121
Es ist nicht verboten, sich zu freuen! 126
Champagner 130
Und wieder Knoten lösen ... 131
Zum Thema Euthanasie 136
Ihr Tod soll ihr nicht gestohlen werden! 138
Kapellengeschichten 142
Mado 149

Epilog 152
Nachwort 155

Vorwort

„Tod, wo ist dein Sieg?"
(1. Korintherbrief 15,55)

Der Tod ist da; er steht am Ende all unserer Wege. Und doch wollen wir ihn nicht sehen; wir haben ihn aus unserem Leben verdrängt. Wir haben ihn verbannt: in die Altenheime, die Krankenhäuser, die Orte, an die man nicht geht! Wir haben ihn entleibt, ihm seine konkrete Wirklichkeit genommen, ihn auf ein Schauspiel reduziert, das das Fernsehen uns täglich präsentiert, auf den virtuellen Tod der Videospiele, der jeden Jugendlichen zu einem potentiellen Mörder macht – wenn er eines Tages die virtuelle mit der realen Welt verwechselt … Es ist eine keine sehr originelle Feststellung, daß wir den Tod heute nicht mehr als Teil des Lebens betrachten, daß wir es verlernt haben zu sterben und sterben zu lassen.

In meiner Kindheit gehörten die Toten zum Leben. Ich erinnere mich noch, wie wir früher die umliegenden Höfe besucht haben: Man kam in ein Zimmer, in dem die Vorhänge zugezogen waren; darin lag ein alter Mann oder eine alte Frau im Sonntagsstaat, der meistens schwarz war; das Bett war mit den allerschönsten Laken bezogen; das Flackern einer Kerze verlieh dem Ganzen etwas Magisches, und ich fragte mich oft, ob die Toten sich nicht nur tot stellten und sich vielleicht bewegten, sobald man hinausgegangen war … Draußen setzte man sich dann mit den Kindern, der Familie und den Nachbarn zusammen, um bei einer Tasse Kaffee und etwas Gebäck über die neuesten Dorfnachrichten zu sprechen und das Leben des Verstorbenen Revue passieren zu lassen. Diese Toten machten uns keine Angst; sie hatten ihren Part auf der Bühne des Lebens gespielt, und nun waren sie abgetreten. So war das Leben!

Dann wurde ich älter und sah dem Tod dreimal ins Auge: dem meines Vaters, dem meiner Mutter und meinem eigenen.

Mit zwanzig Jahren ist man zwar erwachsen, aber man ist nicht fertig. Man braucht noch immer jemanden, der vorangeht, der einem auf dem Lebensweg die Richtung weist, ermutigt, korrigiert … Den eigenen Vater an Krankheit, Ermattung, Hunger und Durst sterben zu sehen, weil die Medizin unfähig ist, diesem leidgeprüften Mann, der nicht mehr schlucken kann, auch nur die mindeste Erleichterung zu verschaffen, ist für einen Zwanzigjährigen unerträglich; ein wenig Sauerstoff half ihm in den letzten Tagen zu atmen, und noch heute quält mich die Erinnerung an die tiefen Risse in seinen ausgedörrten Lippen.

Der Tod meiner Mutter zwanzig Jahre später war etwas anderes; ich war Priester, und man hatte mir gerade eine wichtige Pfarrstelle anvertraut. Schon seit mehreren Jahren hatte die Alzheimer-Krankheit meine Mutter mit einer Mauer der Einsamkeit und Verzweiflung umgeben; zudem hatte sie sich einem chirurgischen Eingriff unterziehen müssen, und Komplikationen hatten zu einem Lungenödem geführt. Mein Vater war zu Hause im Kreis seiner Familie gestorben; meine Mutter starb in einem Krankenhauszimmer, und außer mir war niemand bei mir. Ich hatte mich schon lange damit abfinden müssen, daß die Frau, die mir das Leben geschenkt hatte, mich nicht mehr erkannte. Sie nannte mich „Monsieur" und fragte mich zuweilen nach Neuigkeiten von ihrem Sohn, dem Priester … Ich wußte, daß das Ende nahte, daß keine Hoffnung auf Besserung mehr vorhanden war; die Julisonne schien hell durch das Zimmerfenster; ihr Atem wurde immer schwächer; ich saß schweigend an ihrem Bett, meine Hand in der ihren …

Mehrmals griff sie danach und zog daran, eine Geste, die ich nicht verstand … Schließlich stand ich auf und blieb ans Bett gelehnt stehen. Noch immer hielt ich ihre Hand. Sie schien ruhiger zu werden, doch ihre weit geöffneten Augen sahen mich eindringlich an. Da begriff ich, daß sie mich hatte sehen wollen und daß ich nicht aus ihrem Blickfeld heraustreten durfte … In ihrem Blick las ich die friedliche und bewußte Annahme des nahenden Endes und gleichzeitig die ganze Liebe einer Mutter, die nun endlich ihren Sohn wiedergefunden hatte: den Sohn, den Gott ihr genommen hatte und der nun ihre Hand hielt und sie auf dem Weg zu jener Begegnung begleitete, die sie trotz ihres unerschütterlichen Glaubens so sehr fürchtete. Meine Mutter starb mit offenen Augen; ihr Atem und ihr Puls wurden einfach immer schwächer und verschwanden schließlich ganz, und ich brauchte eine Weile, bis ich sicher war, daß sie diese Welt verlassen hatte, ihr die Augen zudrückte und eine Krankenschwester rief …

Doch noch ein anderes Erlebnis hatte mich stark beeindruckt: mein eigener „Beinahe-Tod"! Ein Jahr nach dem Tod meines Vaters hatte ich einen ganz banalen Verkehrsunfall. Ich saß auf dem Hintersitz einer 2 CV, deren legendäre Straßenlage dem jungen Fahrer offenbar grenzenloses Selbstvertrauen einflößte; er nahm eine Kurve zu schnell, der Wagen stellte sich quer, kam von der Straße ab und prallte an der Stelle, wo ich saß, brutal gegen einen Baum. Ich war ein wenig älter als der Fahrer, vermutlich auch ein wenig erfahrener, und hatte den Unfall kommen sehen … Deshalb hatte ich mich an die Rückenlehne des Fahrersitzes geklammert, was die Heftigkeit des Aufpralls und die Zahl der Brüche zweifellos verringert hat. Allerdings sind die Türen der 2 CV von einer Art Stange eingefaßt; ich war mit dem Kopf dagegen gestoßen und hatte einen Oberkieferbruch und einige Schnitte davongetragen … Meine Mutter war unverzüglich benachrichtigt worden; sie wartete schon im Krankenhaus, und bei meiner Ankunft bemerkte sie sofort, daß Blut aus meinem Ohr floß. Sie dachte gleich an einen Schädelbasisbruch, der lebensgefährlich gewesen wäre, aber das Blut stammte zum Glück von den oberflächlichen Verletzungen; wenn mein Kopf jedoch im Moment des Aufpralls nur einen Zentimeter weiter vorne gewesen wäre …

Seit dem Unfall habe ich das unbestimmte Gefühl, daß ich dem Tod nur um Haaresbreite – um einen Zentimeter! – entronnen bin und meine Frist verlängert worden ist. Das Leben ist nicht mehr selbstverständlich, und jeder Tag ist ein Geschenk; der Tod ist kein Unbekannter mehr: Er hat mich gestreift … So leicht kann man also sterben? Seit jenem sonnigen Tag im Sommer 1969 hat das Leben einen anderen, intensiveren Geschmack für mich. Seither kann ich viele Verhaltensweisen nicht mehr ertragen, weil sie so oberflächlich sind, und auch alles Engstirnige und Mittelmäßige ist mir zuwider …

Das Leben ist kurz; es kann von einem Moment auf den nächsten zu Ende sein. Wir haben keine Zeit zu verlieren; und alles, was erniedrigt, klein macht, unterdrückt, alles, was das Menschliche zum Objekt und zur Ware macht, muß ausgemerzt werden, muß gemieden werden wie die Pest!

Seit dem Unfall hat sich mein Blick auf die Menschheit geändert. Ich scheine für die Äußerlichkeiten blind geworden zu sein und statt dessen in die Personen hineinzusehen; ich suche nach der Wahrheit und blicke hinter die Masken, die Gesellschaft, Erziehung, Gewohnheit und Konventionen den Menschen aufgesetzt haben. Die Möglichkeit des Todes – meines Todes – hat mir die Augen geöffnet; ich habe gelernt zu sehen. Ich habe begriffen, daß die Schamlosigkeit nicht im entblößten Körper, sondern im Auge des Betrachters liegt, daß die Schönheit sich im Blick des Liebenden ausdrückt und daß kein menschliches Wesen durch und durch schlecht sein kann, selbst wenn das Gute in ihm so verschüttet ist, daß man zuweilen vergeblich danach sucht … Die Reisen, die mich durch die Welt geführt haben, interessieren mich nicht mehr; ich habe mich auf eine Entdeckungsreise in ein unergründliches und wunderbares Land begeben: das Innere des Menschen …

„Es liegt in deinem tiefsten Innern, hat keinen Präsidenten, kein Gesetz,
es ähnelt dem Land in meinem tiefsten Innern (…)
Mir bleibt noch ein Land, das ich verstehen muß,
mir bleibt noch ein Land, das ich verändern muß!"*

Mit zwanzig Jahren hätte ich bei einem ganz banalen Verkehrsunfall ums Leben kommen können, und seither frage ich mich, wie ich lebe und wozu; ich erforsche diesen Zentimeter Leben, ohne etwas davon zu versäumen, denn heute lebe ich noch.

Und als mich eines Tages eine Freundin fragte, ob ich ein wenig Zeit übrig hätte, um in einer palliativmedizinischen Einrichtung als Seelsorger tätig zu sein, erschien mir das vollkommen natürlich. Von da an hatte ich es fünf Jahre lang mit Menschen zu tun, die ebenfalls an die Grenze ihres Lebens rührten, mit Familien und Pflegekräften, die entschlossen waren, diese Kranken zu begleiten, nachdem die Medizin sie aufgegeben hatte …

Fünf Jahre, in deren Verlauf der tägliche Kontakt mit dem Tod und mit Menschen, die dem Tod nahe sind, für mich eine wunderbare Lektion des Lebens gewesen ist. Alles, was ich im folgenden erzähle, stammt aus den Erfahrungen mit Sterbenden, die ich in palliativmedi-

* Gilles Vigneault, *Il me reste un pays.*

zinischen Einrichtungen begleitet habe. Mit all jenen, von denen hier die Rede sein wird, bin ich ein kleines Stück des Weges gegangen, einige Stunden oder einige Tage, einen Weg, den man nicht „revidieren" kann; unsere Beziehung wurde durch den Tod unterbrochen, und um die Stichhaltigkeit dieser Gedanken zu überprüfen, muß ich mich gedulden, bis ich selbst dieses Leben verlassen habe.

Wenn die Leute erfahren, daß ich im palliativen Bereich arbeite, sind sie oft ein wenig erschrocken, und viele sagen zu mir: „Sie sind aber mutig ..." Nein, dazu braucht es keinen Mut, auch wenn es nicht leicht ist, immer mit Leiden und Tod konfrontiert zu sein; das physische Leiden wird glücklicherweise durch die hervorragende Betreuung eines herausragenden medizinischen Teams gelindert; doch das moralische und spirituelle Leiden wird allzuoft zurückgehalten, unterdrückt oder im Gegenteil dramatisiert und hindert den Kranken und seine Angehörigen daran, vor dem Abschied zu einer einfachen, wahrhaftigen und liebevollen Beziehung zurückzufinden. Man braucht keinen Mut, sondern Geschmack am anderen und Geschmack am Leben.

Die Sterbebegleitung ist eine Begegnung. Natürlich sind die Rollen vorher festgelegt. Ich bin der Priester, der andere ist der Kranke. Wenn es dabei bleibt, mache ich als Priester „meinen Job", wie manche es nennen: Dann bin ich der Funktionär, der die Sakramente spendet. Auch wenn die Leute es taktvoller formulieren, fühle ich mich bei einem solchen Ansinnen unbehaglich. Denn es zeigt, wie weit der Gott des Kranken oder seiner Familie von meinem Gott entfernt ist – dem Gott, den Jesus uns hat zeigen wollen. Für eine gewisse

Anzahl unserer Zeitgenossen ist es noch immer wichtig, vor dem Tod „alles in Ordnung zu bringen", damit auf der Todesanzeige stehen kann, daß der Kranke „versehen mit den Sakramenten der Kirche" verstorben ist, und damit man die beruhigende Gewißheit hat, alles Nötige getan zu haben.

Wir haben nicht immer die Zeit, uns gegenseitig zu zähmen: Der Aufenthalt auf einer Palliativstation ist oft kurz. Man muß sich beeilen, doch der Kranke bestimmt den Rhythmus der Begegnungen. Und wenn ich das Zimmer verlasse, trage ich eine Frage in mir: Was jetzt? Wie weit werden wir noch kommen auf diesem Weg, den wir soeben miteinander angetreten sind?

In den folgenden Berichten habe ich das zusammengetragen, was mir von diesen Begegnungen im Gedächtnis geblieben ist. Ich habe die Vor- und Nachnamen vergessen, und wenn jemand einen Verwandten wiedererkennt, dann möchte ich ihm sagen, daß die Erinnerung an ihn noch lebendig ist, daß dieser Mensch wichtig für mich ist und mich auf meinem eigenen Weg ein Stück weitergebracht hat. Manchmal ist ein Gefühl des Scheiterns zurückgeblieben, wenn die Beziehung nicht gut war und kein richtiger Kontakt zustande gekommen ist. Ich bitte die, von denen ich erzählen werde, um Vergebung dafür, daß ich sie nicht immer dort abholen konnte, wo sie vielleicht auf mich gewartet haben.

Man weiß nie!

Gut sterben heißt für einige, versehen worden zu sein, besiegelt mit dem, was sie noch immer die „Letzte Ölung“ nennen und was für mich zunächst einmal das „Sakrament für die Kranken“ ist.

Allzuoft erfolgt die Bitte um das Sakrament erst, wenn der Kranke bereits nicht mehr bei Bewußtsein ist. Zumindest denken das die Verwandten und haben keinerlei Hemmungen, in seiner Gegenwart über die Details der Beerdigung, den Begräbnisplatz oder Erbfragen zu sprechen ... Wenn mich eine solche Anfrage erreicht, versuche ich, den Standpunkt des Kranken selbst in Erfahrung zu bringen: Wie hat er sich geäußert, als er es noch konnte? Und wenn er schon seit einiger Zeit auf der Station liegt und bisher keinen Kontakt mit dem Seelsorger aufgenommen hat – warum dann jetzt diese Anfrage?

Eine Krankenschwester ruft mich zu einem Notfall: Ich soll Herrn X. in Zimmer 16 die Krankensalbung spenden; es geht ihm schlecht, und die Kinder sind sehr beunruhigt ... Ich habe Herrn X. bisher nicht kennengelernt; auf dem Korridor vor seiner Zimmertür stehen ein Mann und eine Frau in den Fünfzigern; sie diskutieren erregt. Ich trete auf sie zu und stelle mich vor. Alle beide bestehen darauf, daß das Sakrament unbedingt gespendet werden muß:

– Man weiß nicht, wieviel Zeit ihm noch bleibt …

Auf meine Frage, ob Herr X. bei Bewußtsein ist, erhalte ich eine verneinende Antwort. Hat er den Wunsch geäußert, dieses Sakrament zu empfangen?

– Oh nein, er hat natürlich nicht praktiziert – wie ich dieses „natürlich" hasse, mit dem die praktizierenden Gläubigen als hoffnungslose Idioten abgestempelt werden –, aber er war getauft …

Dieser Antwort entnehme ich, daß die Kinder ihrem Vater das Visum für seine große Reise besorgen wollen; in letzter Minute unterschreiben sie eine Versicherung für das ewige Leben. Ich entscheide mich, allein in das Zimmer hineinzugehen. Herr X. reagiert nicht auf meine Ankunft und scheint nicht bei Bewußtsein. Ich spreche ihn an, in einem natürlichen Tonfall, als machte ich einen Höflichkeitsbesuch; ich stelle mich vor. Als er begreift, daß ich der Seelsorger bin, öffnet er die Augen … er ist also doch bei Bewußtsein! Ich spreche ein wenig mit ihm, und er gibt mir recht rasch zu verstehen, daß er meine Anwesenheit nicht wünscht; unverkennbar ist der Besuch des „Priesters" für ihn die Ankündigung des Todes. Ich will nicht aufdringlich sein, muß meine Aufgabe jedoch zu Ende bringen; ich spreche das Thema der Krankensalbung an und erkläre ihm, welchc Hilfe und Kraft Gott ihm durch dieses Sakrament geben könnte; seine Antwort ist eindeutig negativ! Ich dringe nicht weiter in ihn, verabschiede mich und verlasse das Zimmer. Die Kinder warten vor der Tür. Ich berichte ihnen von dem Wortwechsel, den ich mit ihrem Vater gehabt habe; sie begreifen nicht, daß ich mit ihm gesprochen habe; sie selbst haben schon seit einigen Tagen nicht mehr mit ihm reden können ... Meine Weigerung, dem Kranken gegen seinen Willen ein Sakrament zu spenden, akzeptieren sie nicht; sie bestehen darauf. Mir wird klar, daß die Beziehung zu ihrem Vater bereits gestorben ist; sie werden nicht wieder daran anknüpfen. Sie verlangen ein Ritual, an das sie nicht glauben und das ihr Vater nicht will, und sie werden meine Einstellung nicht verstehen ...

In diesem Fall hat die Begegnung nicht stattgefunden. Sie war nicht erwünscht. Wenn eine Begegnung zustande kommen soll, muß sie die komplexe persönliche Chemie jedes einzelnen berücksichtigen. Solange der Priester als Priester und der Kranke als Kranker auftritt, ist das Ganze nichts weiter als ein Rollenspiel, eine Beziehung zwischen Objekten. Wie die Beziehung eines Arztes zu einem kranken Menschen, den er als „das Pankreaskarzinom in Zimmer 326" bezeichnet. Der andere wird auf seine Erkrankung reduziert, ist nur mehr das Objekt einer ärztlichen Behandlung. Man muß den Mut haben, „ich selbst" zu sein vor einem anderen, der genausogut „ich" sein könnte und dessen „ich" für mich zu einem „du" wird. Wenn ich das Zimmer eines Kranken betrete, bin ich ein Priester, aber ich bin auch ein Mensch, dessen Beziehung zum anderen, zur Krankheit, zum Tod Teil einer persönlichen Geschichte ist, die diesem präzisen Moment seine unverwechselbare Färbung verleiht. Und genauso liegt vor mir nicht einfach ein Kranker, sondern ein Mann oder eine Frau mit einer eigenen Geschichte, Ausdruck eines Leidens, das ich niemals kennenlernen werde; doch die Begegnung muß stattfinden. Sie ist der Kreuzungspunkt zweier Wege, zweier Leben, und sie ist einzigartig. Die Begegnung ist unvorhersehbar und setzt Neugierde und Entdeckergeist voraus; wenn ich beim Betreten des Zimmers schon weiß, was ich tun oder sagen werde, kann es geschehen, daß ich die eigentliche Frage des anderen überhöre, sein Anliegen, seine Unruhe nicht wahrnehme; dann wird die Begegnung fruchtlos sein. Wenn sie Frucht bringen soll, muß ich ganz und gar zur Verfügung stehen, auf das kleinste Zeichen, die kleinste Geste reagieren ... Wie aus der Begegnung der Körper Leben hervorgehen kann, so kann aus der Begegnung mit einem Sterbenden die Vorstellung einer zweiten Geburt erwachsen, die dem Kranken hilft, seinen Tod als ein Geborenwerden zu erleben: seine Geburt zum Leben Gottes. Doch die Begegnung muß stattfinden. Manchmal habe ich das Gefühl, Geburtshilfe zu leisten: Die Kranken werden zu einem neuen Leben geboren, das ich nicht kenne, an das ich aber von ganzem Herzen glaube.

Noch soviel zu tun!

Auch wenn die Medizin ihn aufgegeben hat, hat Henri noch nicht aufgehört zu leben. Henri ist ein Bonvivant. Das sieht man: Ihm ist immer zu warm, und wenn man sein Zimmer betritt, bemerkt man als erstes seinen Bauch, den die Zipfel seines Pyjamahemds nur notdürftig bedecken ... Dann sieht man sein ebenfalls rundes und bärtiges Gesicht. Kein Wunder, daß er einen Bart trägt: Henri ist Lehrer. Für Geschichte. Sein Steckenpferd: der Krieg von 1914. Er hat gerade ein Buch über die Herz-Jesu-Verehrung im Ersten Weltkrieg veröffentlicht und mir ein Exemplar signiert. Wir reden viel miteinander. Henri ist glücklich, wenn er sich jemandem anvertrauen kann.

Einige Wochen vergehen. Sein Zustand stabilisiert sich, und man überlegt, ihn nach Hause zu entlassen. Daraufhin erwirbt Henri eine Art Blockhaus, das ohne großen Aufwand bei ihm im Garten aufgestellt und seiner Behinderung angepaßt werden kann. Seit einiger Zeit kann er infolge der fortschreitenden Krankheit seine Beine nicht mehr benutzen.

Und Henri verläßt das Palliativzentrum. Er kehrt nach Hause zurück. Er will ein weiteres Buch fertigstellen und hat noch andere Projekte ...

Einige Monate später kommt er wieder. Sein Buch hat Fortschritte gemacht, aber die Recherchen in den Bibliotheken muß seine Frau für ihn erledigen. Die Krankheit gewinnt an Boden.

Er bekommt dasselbe Zimmer. Das ist hier so üblich, um das Trauma der Erkenntnis zu mildern, daß der Betreffende sein Zuhause diesmal vermutlich endgültig verlassen hat. Wenn er in „sein" Zimmer und zu dem Personal zurückkehrt, das er bereits kennt, hat der Kranke ein bißchen den Eindruck, „nach Hause" zu kommen ...

Henri fällt das Atmen immer schwerer. Sein Zustand verschlechtert sich, und er wird unruhig. Die Besuche seines Bruders, dessen „traditioneller" Katholizismus ihn aufregt, erträgt er nicht mehr. In bester Absicht – meine Mutter hat immer gesagt, mit solchen guten Absichten sei die Hölle gepflastert – hatte dieser Bruder ihm erklärt, seine Krankheit hänge vermutlich damit zusammen, daß er eine geschiedene Frau geheiratet hatte. Müßig zu erwähnen, daß die Beziehungen zwischen dieser Frau und ihrer Schwiegerfamilie miserabel sind! Hier muß Frieden gestiftet werden – damit der Tod nicht im Schrecken des Gerichts erlebt wird; damit es Henri gelingt, sich mit noch nicht sechzig Jahren von dieser Welt zu lösen; und damit die Angehörigen seiner Familie einander nach seinem Tod begegnen können, ohne sich gegenseitig zu zerfleischen.

Nach und nach gewinnt Henri seine Zuversicht zurück. Doch nach wie vor hofft er auf Besserung, auf Heilung: Er hat noch so viele Pläne! Diese Illusion gilt es in Hoffnung zu verwandeln, an die Stelle der Furcht muß das Vertrauen treten. Das wird eine langwierige Arbeit werden, ein Kramen in den Tiefen der Erinnerung und eine neue Auseinandersetzung mit dem Evangelium …

Und die Krankheit schreitet voran.

Henri geht es sehr schlecht. Die Krankenschwestern rufen mich; weil das Atmen ihm so schwerfällt, hat man mit seinem Einverständnis beschlossen, ihn in ein künstliches Koma zu versetzen. Vorher hatte er mit mir sprechen wollen; aber ich habe noch keinen „Pieper", und das Personal hat mich nicht erreicht. Als ich auf die Station komme, ist er bereits fest eingeschlafen. Ich schlage der Schwester vor, daß man mich ruft, sobald man ihn wieder aufweckt, ich könne ihr meine Handynummer dalassen … Doch die Schwester hält seinen Zustand für besorgniserregend und rät mir, sofort zu ihm zu gehen.

Ich betrete das Zimmer. Henri atmet ruhig, zeigt aber keinerlei Reaktion. Weder auf meine Stimme noch auf meine Berührung. Ich ergreife seine Hand und spreche mit ihm. Sanft. Wie zu einem Freund, wie zu einem Bruder. Wir müssen uns trennen, er geht und ich bleibe. Ich vermag nicht einzuschätzen, was er vielleicht doch wahrnimmt. Es sind schreckliche Augenblicke, in denen meine Worte den zu erreichen suchen, der zwar noch in seinem Körper gefangen, aber bereits im Begriff ist, fortzugehen … Was könnte er jetzt brauchen? Die Wärme und Nähe eines Freundes, ein Wort des Trostes, der Hoffnung, des Abschieds? Ein Sakrament?

Ich sage ihm adieu. Ich werde ihn in diesem Leben nicht mehr wiedersehen. Die Krankenschwestern werden mir sagen, er habe nach meinem Weggang einen friedlichen Eindruck gemacht. Er hat nicht gekämpft.

Als sich das Problem der Beerdigung stellt, brechen die Spannungen erneut auf. Auf keinen Fall soll sie in seiner Pfarrei stattfinden. Außerdem will seine Frau keine kirchliche Beerdigung: Sie fürchtet die Einmischung ihres Schwagers oder ihrer Schwiegermutter – es sei denn, ich würde die Zelebration übernehmen … Ausnahmsweise lasse ich mich darauf ein. Die Feier findet in der Nachbargemeinde statt.

Sie sind noch nicht tot!

Das Telefon. Dringend. „Kommen Sie schnell, es geht ihr gar nicht gut …" Ich kenne die Person nicht, die am Vorabend eingeliefert worden ist. Eine Frau liegt auf dem Bett und atmet schwer. Um sie herum stehen zwei andere Frauen in den Sechzigern, voller Angst. Die Kranke stöhnt: „Ich sterbe, ich sterbe, es ist furchtbar …"

Für mich ist es allerdings offensichtlich, daß sie noch nicht stirbt. Die Kranke weist keines der Anzeichen eines unmittelbar bevorstehenden Todes auf und ist von einer geradezu grimmigen Energie. Ich nähere mich. Sie hat die Augen geschlossen und sagt wieder und wieder:

– Es ist furchtbar, ich sterbe, ich sterbe …

Ich antworte ihr, vielleicht etwas brüsk:

– Aber nein, Madame, Sie atmen etwas schwer, aber Sie sind noch sehr lebendig!

Als hätte man sie mit einer Nadel gestochen, hebt sie den Kopf und öffnet überrascht die Augen. Daraufhin sage ich ihr, daß sie sich keine Sorgen machen soll: sie sei in guten Händen, und es werde alles getan, um ihre Atemnot zu lindern. Ich versichere ihr, daß ich später noch einmal vorbeischauen werde. Dann überlasse ich sie dem Pflegepersonal.

Nach und nach erfahre ich mehr. Sie ist 93 Jahre alt – sieht allerdings mit ihren gefärbten Haaren und ihren lackierten Fingernägeln deutlich jünger aus – und war Gymnastiklehrerin. Sie hat mit aller Konsequenz äußerst gesund gelebt und ist noch bis vor kurzem regelmäßig joggen gegangen. Auf Krankheit und Abhängigkeit ist sie nicht vorbereitet …

Ich besuche sie wieder und frage sie:

– Sie haben vorhin gesagt, es sei furchtbar … Was finden Sie denn so furchtbar?

Wie beim ersten Mal ist ihr Blick erstaunt, als hätte ich etwas Dummes gesagt:

– Aber … dieser Anblick, den ich meinen Töchtern biete, und meiner Enkelin …

Sie bleibt ihrer Linie treu, an die sie sich ihr ganzes Leben lang gehalten hat. Daraufhin entspinnt sich ein Gespräch, in dessen Verlauf ich sie auffordere, sich mit der Perspektive eines möglichen, aber nicht unmittelbar bevorstehenden Todes auseinanderzusetzen. Das gibt ihr Zeit, sich selbst und auch ihre Töchter vorzubereiten und von dem zu profitieren, was das Leben ihr noch zu bieten hat.

Die beiden Töchter haben noch größere Angst als ihre Mutter. Sie haben sich niemals mit dem Tod auseinandergesetzt. Ihr Vater ist während eines Italienurlaubs verstorben; er war bei bester Gesundheit abgereist, und sie hatten ihn nicht mehr wiedergesehen. Ich versuche sie dazu zu bringen, daß sie über das Bevorstehende nachdenken und sich dem nahen Tod ihrer Mutter stellen; daß sie die verbleibende Zeit nutzen, um alles Nötige zu regeln; und daß sie vor allem die Chance zum Gespräch wahrnehmen und sich alles sagen, was sie sich bisher nicht sagen wollten oder konnten. Daß sie Frieden schließen.

Der Kranken wird noch genügend Zeit bleiben, um das Ende ihres Lebens friedlich in Angriff zu nehmen und ein Jenseits ins Auge zu fassen, an das sie bisher nicht hat denken wollen. Doch ihre Lebenskraft ist enorm: Wenige Tage nach unserem ersten Zusammentreffen will sie sich den Fernseher anschließen lassen, den sie bei ihrer Ankunft nicht verlangt hatte, weil sie sich an der Schwelle des Todes glaubte. Als ich ihr Zimmer betrete, regt sie sich gerade über die Fernbedienung auf, weil sie eine bestimmte Sendung sehen will und den Kanal nicht findet! Und noch etwas später will sie zum Entsetzen des Pflegepersonals alleine aufstehen und sich waschen!

Eines Tages sitzt ihre Enkelin an ihrem Bett.

In heiterem Ton spreche ich sie an:

– Das muß aber eine große Freude für Sie sein, daß Ihre Enkelin zu Besuch gekommen ist ...

Sie dreht sich zu mir und beginnt über ihre Enkelin zu sprechen:

– Sie ist so lieb; das war sie immer! Sie hätten sie sehen müssen, damals in Biarritz, im Sommer, als sie noch klein war, immer hat sie allen guten Tag gesagt ...

Und so geht die Lobeshymne weiter. Was für ein Geschenk für diese junge Frau, daß sie dabei sein darf, wie ihre Großmutter ihr all die Liebe hinterläßt, die sie für sie empfindet und die sie ihr mit ihrem anspruchsvollen, eigenwilligen Charakter bisher nicht hatte zeigen können.

Und dann kommt ganz sanft das Ende. Nach und nach verlischt sie, ihre Kraft ist aufgebraucht. Als sie stirbt, ruft man mich. Ich betrete das Zimmer, in dem sie friedlich ruht. Die beiden Töchter sind da. Inmitten ihrer Tränen fühle ich, daß die eine ruhig und die andere verzweifelt ist:

– Ich wollte ihr noch so vieles sagen, und jetzt kann ich es nicht mehr …

Ich kann mir die Antwort nicht verkneifen:

– Madame, es ist jetzt zwei Monate her, daß ich ihnen geraten habe, mit ihr zu sprechen …

Ein Mitbruder!

Dominique war Arbeiterpriester. Mit Leib und Seele. Durch die Arbeit in der Fabrik und die Verantwortung in der Gewerkschaft hatte er sich intellektuell, spirituell und sogar physisch mit dieser Arbeiterklasse solidarisiert, aus der er zwar nicht stammte, die ihn aber adoptiert hatte. Wenn er Besuch bekam, wurde diese Lebensentscheidung deutlich. Mit seinen Brüdern und seinen Schwägerinnen konnte er sich kaum unterhalten. Er war selbständig hergekommen, weil er wußte, daß der Krebs sich unaufhaltsam ausbreitete und daß der letzte Abschnitt seines Lebens begonnen hatte. Und er hatte gleich bei seiner Ankunft um Begleitung gebeten. Geistliche Begleitung. Also suchte ich ihn in diesen drei Monaten zwischen Winter und Frühling alle zwei oder drei Tage auf – und auch während jener ganz besonderen Fastenzeit vor seinem Tod.

Dominique war nicht leicht zu zähmen. Ich verkörperte für ihn jene Kirche und jene gesellschaftliche Klasse, von der er sich immer hatte fernhalten wollen. Doch die Umstände haben uns miteinander konfrontiert, uns in der Vertraulichkeit schonungsloser Geständnisse zusammengeführt. Ich durfte mich von seinen zuweilen brutalen Ausbrüchen nicht aus dem

Gleichgewicht bringen lassen; und ich mußte sein Leid erspüren, das nicht nur physisch war, mußte seinen stark ideologisierten Reden zuhören und von Zeit zu Zeit versuchen, ihn auf Dinge zu stoßen, denen er aus dem Weg ging, die er instinktiv vermied, als wollte er sich vor ihnen schützen.

Wie viele hatte er ohne Zweifel Angst vor dem Tod. Sein lebenslanger Einsatz im Dienst an seinen Mitmenschen hatte ihn vermutlich von jener metaphysischen Ebene ferngehalten, die jeden mit seinem eigenen Schicksal konfrontiert. Und er mobilisierte alle Energien, um die Frist zu verlängern. Obwohl er extrem erschöpft und erschreckend mager war, zwang er sich jeden Tag dazu, aufzustehen, sich anzukleiden und einige Schritte über den Korridor zu gehen. Doch auch wenn er ein paar Mal allein in die Kapelle ging, wollte er nicht an der Messe teilnehmen. Er zelebrierte und betete auf seine eigene Weise in seinem Zimmer.

Eines Tages will ich ihn aus einer nebensächlichen Beschäftigung herausreißen, die zur Obsession zu werden droht, und frage ihn nach seinen Plänen. Meine Frage erstaunt ihn: Er weiß, daß er die Station nicht lebend verlassen wird! Ich wiederhole meine Frage: Gibt es etwas, das er nicht hat verwirklichen können, das er vor seinem Tod noch gerne tun würde? Er denkt nach, ehe er mir antwortet: „Malen!“ Seine Angehörigen werden informiert und bringen ihm Farben und Papier. Über einen Monat lang arbeitet er täglich konzentriert und bedeckt Blatt um Blatt mit abstrakten Formen und düsteren Farben. Er entwirft eine Todesanzeige, mit der seine Freunde von seinem Tod benachrichtigt werden sollen. Das hilft ihm, sich vorzubereiten.

Ich tat mich schwer mit der Aufgabe, die er selbst mir aufgetragen hatte; sobald wir auf spirituelle Dinge zu sprechen kamen, wich er mir aus. Ich versuchte es mit jener Methode, die bei der therapeutischen Seelsorge so beliebt ist und als Lebensbetrachtung bezeichnet wird. Ich drängte ihn, Texte herauszusuchen, Sätze aus der Schrift, Verhaltensweisen Jesu oder seiner Jünger, die seine Entscheidungen beeinflußt, seinen Lebenskurs bestimmt, seine Taten motiviert hatten … vergebens. Er ließ sich nicht darauf ein. Also beschränkte ich mich auf ein freundschaftliches Terrain, auf dem es ihm offenbar Freude machte, sich mit mir auszutauschen. Ich wurde zum Vermittler in seinen familiären Konflikten und bei seinen Schwierigkeiten mit dem einen oder anderen Mitglied des Pflegepersonals. Eines Morgens erklärt er mir, daß er die ganze Nacht nicht geschlafen habe, weil eine Hilfsschwester seinen Katheter schlecht gesetzt hatte. Ich beruhige ihn und sorge dafür, daß sein Trakt in der nächsten Nacht von einer anderen Hilfsschwester betreut wird.

Die Krankheit ist immer am Werk. Dominique wird schwächer. Er steht nicht mehr auf, malt jedoch weiterhin seine gequälten Abstraktionen. Wir sprechen über den Tod. Er hat offenbar etwas weniger Angst. Wir lassen sein Leben, seine Kämpfe Revue passieren; nach und nach wird er ruhiger; die Bitterkeit läßt nach. Die Karwoche beginnt. Ich werde etwas seltener da sein. Am Karsamstag erfahre ich, daß er zwei Tage zuvor, am Gründonnerstag, Gedenktag der Einsetzung der Eucharistie und Fest aller Priester, darum gebeten hat, an der Messe teilnehmen zu dürfen. Ehrenamtliche Helfer hätten ihn in seinem Zimmer abgeholt und ihn in seinem Bett zu den anderen Kranken in die Kapelle geschoben. Doch er habe mitten unter den Kranken bleiben und die Stola, die ihn als Priester kenntlich gemacht hätte, nicht tragen wollen. Während der Feier des Leidens und Sterbens Jesu am Karfreitag sei er in seinem Zimmer geblieben. Am Karsamstag komme ich ihn also besuchen. Wir unterhalten uns ungezwungen. Als ich mich verabschiede, sage ich ihm, daß ich am nächsten Tag, dem Ostersonntag, keine Zeit habe und ihn erst am Montag wieder besuchen kann. „Der Arzt hat mir gesagt, daß es nur noch ein paar Tage dauern wird", antwortet er mir, „wir verabschieden uns also besser heute schon, denn vielleicht kann ich am Montag nicht mehr sprechen …" Wir tauschen ein paar Worte aus. Doch seine durchdringenden Augen drücken mehr aus als tausend Worte: Frieden, Zuversicht, Dankbarkeit … Es sind sehr intensive Momente mit diesem Mann, der sich entschlossen hat, Christus nachzufolgen, und der nun seinem eigenen Tod ins Auge blickt. Wenige Stunden vor dem Fest der Auferstehung kann man die Gegenwart eines Anderen in diesem Krankenzimmer beinahe mit Händen greifen …

Am Montag komme ich wieder. Er ist sehr schwach. Man sagt mir, er habe sich am Sonntag zur Messe in die Kapelle bringen lassen und um eine Stola gebeten. In seinem Bett mitten unter den Kranken war er nun doch wieder zum Priester geworden und feierte das Leben, das stärker ist als der Tod. Ich spreche mit ihm über meine Freude. Er kann fast nichts mehr sagen, aber ich weiß, daß er diese Freude teilt. Die Freude des Menschen, der sich mit seiner Geschichte versöhnt hat und die Begegnung mit seinem Erlöser nicht mehr fürchtet.

Unter solchen Umständen sind Worte überflüssig. Mir bleibt nichts mehr zu sagen, und so suche ich Zuflucht beim Wort Gottes und schlage ihm vor, das Tagesevangelium zu lesen: „Fürchtet euch nicht! Ich weiß, ihr sucht Jesus, den Gekreuzigten. Er ist nicht hier; denn er ist auferstanden, wie er gesagt hat (...) Er geht euch voraus nach Galiläa, dort werdet ihr ihn sehen ..." (Matthäus 28,5–7). Und ich wiederhole die Worte: „Er geht dir voraus ... du wirst ihn sehen ..." Dominique hat seinen Frieden gefunden; das Leben verläßt ihn nach und nach, doch er weiß, daß er einer Begegnung entgegengeht. Wir sagen uns *à Dieu,* nicht auf Wiedersehen. Ich bin bewegt. Selten habe ich dieses Gefühl gehabt, die Hand eines Mannes zu halten, der seinerseits bereits die Hand Gottes hält ...

Als ich am nächsten Tag wiederkomme, erfahre ich, daß er tot ist. Da er seinen Körper der Medizin zur Verfügung gestellt hat, finden seine Verwandten und einige Freunde sich im Sterberaum zu einem Gebet zusammen. Ein herzlicher Austausch ... Dominiques Kampf um Gerechtigkeit hatte ihn von seinen Wurzeln und vielleicht auch von seiner Kirche entfernt; vor seinem Tod konnte er die Einheit seines Lebens wiederherstellen und sich mit seiner eigenen Geschichte versöhnen.

Taufe

José ist Portugiese. Er ist noch keine fünfzig Jahre alt und stirbt an einer jener Krebserkrankungen, die „das gesamte Gebäude“ befallen haben ... Es ist schwierig, ihn zu begleiten, denn er ist immer umlagert. Immer sind Verwandte oder Freunde in seinem Zimmer. Außerdem erfahre ich, daß er nicht getauft ist. Das Seelsorgeteam hält sich zurück, und wir versuchen uns um seine Frau zu kümmern, die das Witwendasein schreckt, um seinen kaum erwachsenen Sohn ... Doch dann werde ich eines Abends gerufen: Er habe um die Taufe gebeten. Das Pflegepersonal glaubt, daß er nicht mehr lange leben wird. Er hat keine Zeit mehr, gründlich darüber nachzudenken. Ich gehe in sein Zimmer. Sie sind alle da, seine Frau im Hintergrund, am Boden zerstört; sein Sohn, der den skelettartigen Anblick seines halbnackten Vaters kaum erträgt und am liebsten weglaufen würde ... und die Freunde, die Freunde, die den Kranken mit einer liebevollen und ermüdenden Betriebsamkeit umgeben ... Ich nähere mich, stelle mich vor ...

– Man hat mir gesagt, Sie hätten um die Taufe gebeten?

Er nickt; ich spreche weiter:

– Wissen Sie, daß Gott Sie auch dann liebt, wenn Sie nicht getauft sind?

Erneut bejaht er meine Frage. Ich lasse nicht locker:

– Es ist also wichtig für Sie, daß Sie jetzt getauft werden?

Er lächelt, und erneut fällt die Antwort zustimmend aus. Also gewähre ich ihm seinen Wunsch. Für weitere Vorbereitungen bleibt keine Zeit, und ich erkläre ihm, daß ich gehe, um das Rituale, das Wasser und das Öl zu holen.* Da beugt sich eine Freundin über ihn:

– Du mußt einen Paten und eine Patin auswählen!

Ich persönlich halte dieses Vorgehen nicht für wesentlich; doch wird es jemandem eine sehr große Freude machen. Ehe ich eingreifen kann, fragt die Freundin erneut:

– Wer soll deine Patin sein? Sag doch …

Der Arme kann praktisch nicht sprechen; dennoch findet er noch genug Kraft, um seine Frau zu benennen … Ein letzter Beweis der Liebe und des Vertrauens: Sie wird ihn im Angesicht des Todes in den Armen halten … „Wir wurden mit ihm begraben durch die Taufe auf den Tod; und wie Christus durch die Herrlichkeit des Vaters von den Toten auferweckt wurde, so sollen auch wir als neue Menschen leben" (Römerbrief 6,4). Und als Paten wählt er seinen Sohn; und der Sohn wird seinen Vater zum göttlichen Leben gebären. Für die, die sich auf die Trennung von einem Ehemann und Vater vorbereiten, wird diese

* Das heilige Chrisam, ein wohlriechendes Öl, das der Bischof wenige Tage vor Ostern weiht.

Taufe Zeichen einer Bindung sein, die der Tod nicht zerstören kann. Freudentränen werden den Trennungsschmerz lindern.

Auf dem Weg nach Emmaus

Marie ist eine Intellektuelle. Ehe der Krebs sie endgültig ans Bett fesselte, hatte sie mit über vierzig noch ein Studium begonnen und sich an der *École du Louvre* eingeschrieben. Ihrem Bett gegenüber hat ihr Mann sehr schöne Drucke von Seegemälden aufgehängt: große Segelschiffe auf einem aufgewühlten Meer. Obwohl der Tumor sie komplett bewegungsunfähig macht und sie immer auf dem Rücken liegen muß, was sie daran hindert, die Personen zu sehen, die ihr Zimmer betreten, entgeht Marie nichts von dem, was um sie herum geschieht. Und noch immer organisiert sie vom Bett aus ihr familiäres Umfeld, das im übrigen sehr präsent ist: ihre Eltern, ihre Schwester, ihren Mann und ihre beiden Töchter. Was die Religiosität betrifft, kann man sie alle als nichtpraktizierend bezeichnen; sie haben in den Worten der Priester keine Antworten auf die existentiellen Fragen gefunden, die sie sich stellen. Doch Maries unersättliche Neugier und ihr Bewußtsein, allzu jung an der Schwelle des Todes zu stehen, bringen nach und nach die ganze Familie dazu, in die Kapelle zu kommen und sich auf den Korridoren mit den Mitgliedern des Seelsorgeteams zu unterhalten; schließlich ist auch der Kontakt mit der Kranken hergestellt. Sie wirkt immer fröhlich; sobald einer von uns ihr Zimmer betritt, erkundigt sie sich, wie es ihm geht, und entschuldigt sich dafür, daß sie seine Zeit in Anspruch nimmt; und dann kommen die Fragen. Es sind Fragen, die sich jeder früher oder später stellt, die allerdings mitunter schwerer zu beantworten oder deren Antworten schwerer zu verstehen sind, wenn das Gegenüber vollständig gelähmt ist. Die Gespräche sind nicht sehr lang, denn die Kranke ist schnell erschöpft und kann sich nicht sehr lange konzentrieren. Doch sie behält im Gedächtnis, was man ihr sagt, und denkt bis zum nächsten Besuch darüber nach!

Marie muß ein sehr sinnlicher Mensch sein; sie liebt das Leben, die Kunst, die Schönheit und all die kleinen oder großen Freuden, die ihre Sinne ihr vermitteln können; die Musik, die sie hört, ist ebenso sorgfältig ausgewählt wie die Drucke, die ihr Zimmer schmükken. Eines Tages serviert ein Sternekoch dem Personal und den Kranken auf der Station ein Mittagessen, das von seinen Köchen zubereitet worden ist: drei Vorspeisen, gebratene Stopfleber mit Feigen, Rührei mit Trüffeln usw., drei Hauptgerichte und eine Dessertauswahl; die Köche gehen mit einem Rollwagen von Zimmer zu Zimmer und präsentieren den Kranken, die noch bei Bewußtsein sind, die Auswahl der Speisen, ohne sich um Diäten oder Unverträglichkeiten zu kümmern … Das einzige, was zählt, ist die Lust des Kranken und das Vergnügen, das man ihm bereiten kann. Einigen von ihnen, die absolut nichts schlucken können, bereitet dennoch der Duft dieser raffinierten Küche ein längst vergessenes Geruchserlebnis.

Marie kostet jedes einzelne Gericht: die drei Vorspeisen, die drei Hauptspeisen und die Desserts. Doch sie schluckt nur mühsam; der Koch bleibt fast eine Stunde in ihrem Zimmer. Nach jedem Bissen sagt sie genießerisch: „Wie schön das Leben doch ist …"

Eines Tages spricht Marie in Anwesenheit ihres Mannes ganz direkt das Thema ihrer Beerdigung an; sie fühlt sich nicht christlich genug, um ein kirchliches Begräbnis in Anspruch zu nehmen, doch sie möchte trotzdem, daß all ihre Freunde zusammenkommen und etwas Wesentliches miteinander teilen. Ich versuche der Frage nicht auszuweichen; es wird jedoch auch später noch Zeit sein, die Zeremonie den jeweiligen Bedürfnissen und Wünschen anzupassen, und daher schlage ich ihr vor, zunächst über die grundlegenden Fragen zu sprechen: Gott, den Tod, die Auferstehung, das ewige Leben … Diese Themen bestimmen eine gewisse Anzahl unserer Gespräche; fast immer ist ihr Mann dabei, manchmal ihre Schwester … Der Verlauf ist friedlich, der Gedankenaustausch tief, transparent, ehrlich. Über das Fernsehen in ihrem Zimmer verfolgt Marie regelmäßig die Messen in der Kapelle, und jedesmal bittet sie danach, daß ich ihr etwas aus der Predigt oder aus den Texten genauer erkläre … Im Namen dieser Wahrheit, die sie für sich und ihr Umfeld einfordert, wird Marie meinen Vorschlag, die Kommunion zu empfangen, lange Zeit ablehnen: bis zum letzten Tag, an dem sie die Begegnung herannahen fühlt und darum bittet, Christus zu empfangen. Ich befeuchte ihre Lippen mit einem Tropfen des gewandelten Weins …

Marie kann die Spaltungen unter den Gläubigen nicht begreifen; es ist ihr Wunsch, daß, wenn sie tot ist, jeder um sie herum sein Gebet an den einzigen Gott richtet und das jüdische und muslimische Beten in die Feier integriert werden. Sie wählt auch die Musik aus, vor allem ein wenig bekanntes Stück, das sie durch einen Ehrenamtlichen kennengelernt hat, mit dem sie gerne spricht: Gounods *Sieben Worte Christi am Kreuz.*

Im Lauf der Wochen entspinnen sich Beziehungen zu ihrer ganzen Familie. Und die Begleitung reicht über Maries Tod hinaus. Die Beerdigungszeremonie soll zu dem Menschen passen, den wir begleitet haben. Welchen Ort wählt man? Niemand in der Familie hat wirkliche Beziehungen zu einer konkreten Gemeinde. Also nimmt *Notre Dame de la Sagesse* uns auf. Diese kleine Kirche liegt nur wenige Schritte von der *Grande Bibliothèque* entfernt in dem Arrondissement, in dem Marie seit kurzem gelebt hatte; der Neubau entspricht der Geisteshaltung von Marie und ihrer Familie; eine Rampe führt zum Altar, und Buch, Licht und Wasser lenken die Schritte des Christen zur Taufe und zur Eucharistie; das goldene Retabel hinter dem Altar reflektiert das Licht und gibt die Fragen des Menschen an ihn zurück, als wollte es ihn zu einem wahrhaftigen Glaubensakt veranlassen. Der Sarg wird direkt auf dem Boden stehen; ein Psalm soll in hebräischer und französischer Sprache vorgetragen, ein dem heiligen Franz von Assisi zugeschriebener Text auf französisch gelesen und ins Arabische übersetzt werden. Und als die Musik der *Sieben Worte Christi am Kreuz* erklingt, mache ich die Gläubigen darauf aufmerksam, daß ebendiese Worte auf den Betonmauern der Kirche geschrieben stehen. Die

Trauergemeinde ist bunt gemischt; doch sie alle finden in dieser Feier etwas wieder, das sie an Marie und an die Beziehung erinnert, die sie zu ihr hatten. Über den Tod hinaus lag es ihr am Herzen, jedem ein wenig Frieden und ein wenig Hoffnung zu geben. Ihre Verwandten sind ergriffen, aber heiter. Und das Evangelium von den „Emmausjüngern" erinnert an den Weg, den Marie auf ihrem Krankenbett zurückgelegt hat, den Weg der Neugeburt und Auferstehung, auf den sie ihre Angehörigen mitgenommen hat: „Brannte uns nicht das Herz in der Brust, als er unterwegs mit uns redete und uns den Sinn der Schrift erschloß?" (Lukas 24,32).

Knoten lösen

Für die Angehörigen ist der plötzliche Tod besonders traumatisierend: wie der jenes Mannes, der eines Morgens zum Joggen in den Wald ging und an einem Herzanfall starb, und der erst nach mehreren Tagen identifiziert werden konnte, weil man seine Frau auf der Polizeiwache nicht ernstgenommen hatte: „Wissen Sie, Madame, Männer, die joggen gehen und nicht wieder nach Hause kommen, haben wir täglich ...", mit diesen Worten fügten die Polizisten der Sorge der Frau auch noch Zweifel hinzu ... Oder der Tod einer Frau, die zu einer zweitägigen Fortbildung fuhr und nachts im Hotelzimmer starb. Wenn man sich nicht darauf vorbereiten konnte, wird die Trennung zu einer Wunde, die nicht vernarbt, einem quälenden Schmerz, der noch verschärft wird durch Schuldgefühle, Ungesagtes, unterdrückte Worte oder ungerechte Vorwürfe – all jene Äußerungen und Verhaltensweisen, aus denen man ihm nachhinein herauszulesen glaubt, daß man den anderen nicht genug oder vielleicht gar nicht mehr geliebt hat. Wie sehr bedauern wir unsere Ungeduld, unseren Ärger, unsere Ausbrüche, wenn das versöhnende Wort nicht mehr gesprochen werden konnte ...

Die, die durch Krankheit oder Alter sehenden Auges an das Ende ihrer Lebensetappe geführt werden, empfinden häufig nicht nur das Bedürfnis, ihre materiellen oder spirituellen Angelegenheiten zu ordnen, sondern all ihre Angehörigen noch einmal zu sehen und mit ihnen zu sprechen, ohne den bevorstehenden Tod zu verschweigen. Ein Freund, der schon seit mehreren Jahren mit einer geradezu wilden Energie gegen eine Krebserkrankung ankämpfte, sagte zwei Wochen vor seinem Tod zu mir: „Ich weiß, daß das Ende nah ist: Die Chemotherapien werden immer häufiger und immer wirkungsloser ..." Er nahm sich lange Zeit für jedes seiner acht Kinder, auch für die jüngsten, die noch keine zehn Jahre alt waren, um ihnen alles zu hinterlassen, was ein Vater seinen Kindern vermitteln kann, und um ihnen zu sagen, welche Hoffnungen er in jedes von ihnen setzte. Am frühen Morgen tat er bei seiner Frau, die er gegen seinen Willen mit der Sorge um ihre vielköpfige Nachkommenschaft alleinlassen mußte, seinen letzten Atemzug in der Gewißheit, daß sein Gott die, die sich ihm anvertrauen, nicht im Stich lassen kann.

Manchmal ist es den Kranken ein Anliegen, ihre Beerdigungsfeier selbst vorzubereiten. Ich erinnere mich an einen Arzt, dem ich eines Sommers bei Freunden an der Côte d'Azur begegnete. Er war vor kurzem in den Ruhestand gegangen und hatte erfahren, daß er Lungenkrebs hatte. Dieser aus Algerien stammende Jude, der mit einer Engländerin verheiratet war, brachte nun einen Großteil des Abends damit zu, sich mit mir, einem katholischen Priester, über den Tod, das Jenseits, die Hoffnung, die Barmherzigkeit, das ewige Leben und die Feier von Begräbnissen zu unterhalten. An diesem wunderbaren Ort an der Meeresküste und in der Ruhe dieses schönen Augustabends hatte unser Gespräch etwas Surreales. Wir haben einander nicht wiedergesehen. Nach seinem Tod erhielt ich jedoch einen Anruf von seiner Frau: es sei der Wunsch ihres Mannes gewesen, daß ich zu seinem Begräbnis komme; es solle im Krematorium des Père-Lachaise-Friedhofs stattfinden. Also ging ich hin – und fühlte mich in die Synagoge von Algier versetzt: Frauen im Pelzmantel und Männer mit der *Kippa,* die wie auf dem Marktplatz die neuesten Nachrichten austauschten. Dann begann die Feier. Der Mann, dessen Tod uns hier zusammenführte, hatte alles bis ins kleinste Detail vorbereitet: Musik von Mozart, Bach, Mahler, biblische und weltliche Texte, persönliche Äußerungen; jeder konnte in den Texten und Musikstücken diesen lebensfrohen Mann wiederfinden, der sein Geschick in die Hände des Ewigen hatte zurücklegen müssen und dem es wichtig gewesen war, mit der Organisation seiner eigenen Beerdigung seinen wiedergefundenen Glauben und seine Hoffnung zum Ausdruck zu bringen.

Nach der Messe im Palliativzentrum wartet eine junge Frau auf mich. Sie will mit mir reden. Ihr Mann ist gerade eingeliefert worden. Ich gehe in sein Zimmer und finde dort einen ernsten jungen Mann, der wenig spricht. Sie haben zwei Kinder, eines fünf Jahre alt, das andere gerade erst geboren. Es soll in zwei Tagen getauft werden.

Die junge Frau beginnt mir Fragen zur Beerdigung ihres Mannes zu stellen … Ich bin verlegen; der Mann macht nicht den Eindruck, als ob er schliefe, und er versteht ganz sicher alles, was wir sagen; ich versuche, die Frau aus dem Zimmer zu komplimentieren. Doch in diesem Moment beteiligt sich der Kranke an dem Gespräch, und mir wird klar, daß sie gemeinsam darüber nachdenken, damit die junge Frau diese schwere Situation nicht alleine bewältigen muß. Also bereiten wir die Feierlichkeit gemeinsam vor, die für die Frau wie die Vollendung der tiefen Gemeinschaft sein wird, die sie auch über Tod und Trennung hinaus mit ihrem Mann verbindet.

Eines Tages äußere ich mich verwundert darüber, daß ich die Kinder nie im Zimmer ihres kranken Vaters sehe:

– Wollen Sie denn Ihre Kinder nicht wiedersehen?

Da antwortet mir der junge Vater:

– Nein, denn dann müßte ich mit der Trennungsarbeit, die ich bereits geleistet habe, noch einmal von vorne beginnen, und dazu fehlt mir der Mut …

Diese Klarheit, diese Reife müssen für seine Frau in dieser Zeit der Prüfung eine unschätzbar wertvolle Hilfe und ein großer Trost gewesen sein.

Die Kinder nicht fernhalten

Auf jeder Etage gelangt man von den Krankenzimmern aus in „Familienräume“, wo die Angehörigen sich ausruhen können, wenn der Kranke schläft oder medizinisch versorgt wird. Eine kleine Küche, Sessel, grüne Pflanzen und Zeitschriften laden zur Entspannung ein. Und es gibt auch einen Platz für die Kinder, mit einem Tisch, Stühlen, Leseheftchen und Buntstiften. Denn im Hospiz sind auch Kinder zugelassen. Sie sind sogar willkommen, denn ihre Anwesenheit erlaubt es den Kranken, die am Ende ihres Weges angekommen sind, aus dem Leben, das von Generation zu Generation weitergegeben wird, die nötige Kraft zu schöpfen.

Zwei sieben- oder achtjährige Kinder kamen jeden Tag nach Schulschluß. Sie pendelten ständig zwischen dem Zimmer ihrer Großmutter und dem Tisch hin und her, an dem sie mit Hingabe malten. Dann liefen sie wieder ins Zimmer, um nachzusehen, ob ihre Großmutter noch schlief oder sie sehen wollte … und von Tag zu Tag tapezierten sie die Wände des Zimmers mit immer mehr von diesen kindlichen Bildern; darauf waren sie selbst und die Oma zu sehen, von der sie wußten, daß sie sie bald verlassen würde; sie stellten sich ihr zukünftiges Haus vor und malten alle Arten von Brücken von ihnen zu ihr; sie erlebten ihren Tod ohne Angst, obwohl die Erwachsenen keinen Hehl aus ihrer Trauer machten, und den Kindern wurde auf natürliche Weise bewußt, daß das Leben ein Ende hat.

Vermutlich gehen kleine Kinder in ihrem Unterbewußtsein ganz selbstverständlich davon aus, daß das Leben auch vor ihnen schon dagewesen ist, und sie haben eine außergewöhnliche Fähigkeit sich vorzustellen, daß das Leben plötzlich aufhören oder völlig anders weitergehen kann. Die kleine Louise hatte gerade ihren Großvater verloren, an dem sie sehr gehangen hatte. Das war Anfang Februar. Einige Wochen später machten ihre Eltern ihr ein Geschenk, das sie sorgfältig auf einem Schrank abstellte. Überrascht sagten die Eltern zu ihr:

– Das ist für dich, du kannst es gleich aufmachen!

Und Louise antwortete:

– Ich warte bis Ostern. Wenn Opa auferstanden ist, können wir es zusammen auspacken …

Als Louises Eltern mir diese Anekdote erzählten, fügten sie hinzu: „Wir fragen uns, woher sie das hatte!"

Also waren nicht sie es, die diesem Kind die Wirklichkeit des Todes und die Hoffnung der Auferstehung nähergebracht hatten!

Eines Tages hielt ich die Exequien für einen Freund, der brutal aus dem Leben gerissen worden war. Die Emotionen waren groß, die Trauergäste zahlreich.

Während der Beileidsbezeigungen, die über eine Dreiviertelstunde dauerten, spielten die beiden Enkel des Verstorbenen in der Kirche Verstecken. Sie versteckten sich sogar unter dem Sarg und tollten unbefangen um ihn herum. Am selben Morgen war der größere ins Eßzimmer gekommen, wo der Sarg seines Großvaters stand; er hatte auf den verschlossenen Deckel geklopft wie an eine Tür und gerufen: „Großvater, wir müssen gehen!"

Auf dem Friedhof hörten beide Kinder aufmerksam zu und hielten die Hand ihres Vaters oder ihrer Mutter; als ihnen langweilig wurde, sahen sie in die Grube hinein, in die man ihren Großvater hinablassen würde, und bei alledem zeigten sie keine erkennbare Gemütsregung. Gespannt beobachteten sie, wie der Sarg in die Erde gesenkt wurde, doch als man ihnen sagte, es sei Zeit, nach Hause zu gehen, wurde ihnen die Trennung mit einem Mal in aller Brutalität bewußt, und sie brachen in Tränen aus. Danach gingen sie ein ganzes Jahr lang jeden Tag nach der Schule über den Friedhof, um ihren Großvater zu besuchen, den sie nicht alleine lassen wollten!

Ein älterer Mann war eingeliefert worden. Er wußte, daß er bald sterben würde. Seine Frau und seine Tochter besuchten ihn sehr oft, aber die beiden Enkelinnen – die eine zehn, die andere dreizehn Jahre alt – wurden mit Bedacht ferngehalten, weil die Mutter fürchtete, daß es für sie ein Schock sein könnte, ihren Großvater so schwach zu sehen ... Dann starb der Mann, und seine Frau bat darum, daß die Angehörigen dabei sein und beten könnten, wenn der Sarg geschlossen würde. Ich fragte nach den Enkelinnen, weil ich schon fürchtete, daß man sie auch zu dieser Andacht nicht mitnehmen würde ... Ich sagte, man solle sie selbst fragen und ihre Entscheidung respektieren. Wie ich bereits vermutet hatte, wollten sie dabeisein. Als sie den Raum betraten, der für das Gebet vorbereitet worden war, machten ihre Mutter und ihre Großmutter einen letzten Versuch, sie zurückzuhalten, doch die beiden Mädchen ließen sich nicht beirren und blieben im Raum; sie nahmen die Gebete mit allen Sinnen auf; die kleinere ging ganz nah an den Sarg heran, als wollte sie ihren Großvater berühren und küssen; dann legte sie ein Bild in den Sarg, das sie für diesen Anlaß gemalt hatte. Ich begleitete sie bei dieser Entdeckung, zu der die anderen Erwachsenen nicht in der Lage waren ... Das größere der beiden Mädchen hielt sich mehr im Hintergrund, doch nach einigen Augenblicken faßte sie sich ein Herz und stellte mir ganz direkt jene Fragen, auf die sie in ihrem Umfeld keine Antwort gefunden hatte.

Da die eigentliche Beerdigung in der Provinz stattfand, bat man mich, in meiner Pfarrkirche eine Messe für die Pariser Freunde zu feiern; mir fiel auf, wie unbeschwert die beiden Enkelinnen die Lesungen vorlasen, wie richtig und einfach die Fürbitten waren, die sie vorbereitet hatten. Sie hatten Antworten auf ihre Fragen gefunden, und deshalb erlebten sie die Trennung weniger bestürzt und natürlicher als die Erwachsenen ...

Wenn ein Kind einen Angehörigen und insbesondere einen Elternteil verliert, hat es ein Recht auf die Wahrheit. Es ist direkt betroffen, und wenn es bemerkt, daß die Erwachsenen ihm etwas verheimlichen, dann verliert seine Vorstellungskraft sich außerhalb der Grenzen einer ohnehin schon schwer zu akzeptierenden Wirklichkeit; es weiß nicht mehr, wem es vertrauen kann, und sein Kummer wird noch verstärkt durch eine beklemmende Einsamkeit, der es nicht zu entrinnen vermag …

Die kleine Marguerite war ungefähr zehn Jahre alt; ihr Vater war ins Palliativzentrum eingeliefert worden, und mittwochs kam sie, um den ganzen Tag bei ihm zu sein; an diesem Tag setzten alle – der Kranke, seine Frau und die Angehörigen – eine heitere Miene auf, um das Kind nicht zu traumatisieren. Eines Tages sitzt sie in der „Familienecke"; das Bildermalen wird ihr langweilig, und sie sieht Alice vom Seelsorgeteam vorbeikommen, die gerade ihren Vater besucht hat. Sie bittet sie, mit ihr in den Garten zu gehen. Der Vater gibt seine Erlaubnis, und die beiden gehen Hand in Hand hinaus. Kaum sind sie durch die Tür, sagt Marguerite zu Alice:

– Hier lügen mich alle an!

Alice schweigt. Marguerite spricht weiter:

– Ist das hier jetzt ein Krankenhaus oder nicht?

Alice antwortet nicht, sondern gibt die Frage zurück:

– Warum fragst du?

– Man sagt mir, das wäre kein Krankenhaus, aber es gibt hier Zimmer mit Betten, in denen Kranke liegen, und überall sind Schläuche, wie in einem Krankenhaus!

Alice versucht ihr zu erklären, daß die Menschen, die hierherkommen, viel Ruhe brauchen … und Marguerite setzt hinzu:

– Mein Vater wird sterben, nicht wahr?

Als Alice nicht direkt antworten will, sagt Marguerite noch einmal:

– Ich weiß, daß er sterben wird …

Zurück auf der Station geht Alice zu Marguerites Eltern und fordert sie auf, ihr die Wahrheit zu sagen.

– Sie braucht das; und sie kann es ertragen!

Danach treffen Marguerite und Alice sich jeden Mittwoch, mal im Garten, mal im Büro des Seelsorgeteams, wo Marguerite ab jetzt ihre Bilder malt – ein Vorwand, um all jene Fragen zu stellen, die der bevorstehende Tod ihres Vaters ihrer kindlichen Intelligenz eingibt, und um Teile von Antworten zu finden, die ihr zu gegebener Zeit helfen werden, die schmerzliche Wahrheit der Trennung besser zu ertragen.

Die Wahl des Gesprächspartners

Er war das, was man gemeinhin einen „Frauentyp" nennt; und er machte keinen Hehl daraus! Als Handelsvertreter war er in ganz Frankreich umhergereist und hatte eine gute Zeit gehabt. Selbst während seiner Krankheit achtete er immer sehr auf sein Äußeres; sein Schnurrbart war stets sorgfältig gestutzt, die Haare makellos frisiert, der Pyjama in exakte Falten gelegt; seine Beziehungen zu den Krankenschwestern und Hilfsschwestern waren von ausgesuchter Höflichkeit. Er machte sich keine Illusionen über seinen Gesundheitszustand, und da er sich auf seine christliche Erziehung besinnt – „ich war Meßdiener!" –, will er mit einem Geistlichen sprechen … Doch obwohl die Unterhaltung gut verläuft, hindert ihn eine Art Scham, den Bereich der Gemeinplätze zu verlassen und sich in ein Territorium vorzuwagen, das ihn zwingen könnte, die Maske fallenzulassen. Also entspinnt sich ein höflicher Kontakt zu den verschiedenen Mitgliedern des Seelsorgeteams. Alice, die mit ihren Gedanken nicht hinterm Berg halten kann, sagt eines Tages in belustigtem Ton zu ihm: „Sie müssen ganz schön Erfolg gehabt haben bei den Frauen!"; und das Gespräch verläuft weiter in eher spielerischen Bahnen.

Eine Woche später ist Alice wieder im Haus und besucht ihn. Nach einigen höflichen Sätzen fragt er sie:

– Glauben Sie an Vergebung?

– Gott bewahrt nur, was gut ist!, antwortet Alice ohne zu zögern.

Daraufhin sagt der Kranke unumwunden:

– Ich muß Ihnen alles sagen.

Alice begreift, daß er endlich reinen Tisch machen will und schlägt ihm vor, einen Priester zu holen, damit der ihm die Vergebung Gottes spendet; doch er antwortet:

– Gott hat mir Sie geschickt; ich will mit Ihnen reden!

Alice bittet ihn, noch einmal darüber nachzudenken, und erzählt mir alles. In solchen Situationen halte ich mich an drei Kriterien: Wie äußert sich der Kranke, und was braucht er wirklich? Wie kann ich auf dieses Bedürfnis reagieren? Wie hätte Christus sich an meiner Stelle verhalten?

In diesem Fall liegt es für mich auf der Hand, daß der Kranke das Bedürfnis hat, sein Leben aus dem Blickwinkel Gottes noch einmal Revue passieren zu lassen, daß er es zu Ende bringen will und daß er sich dafür den Menschen seines Vertrauens ausgewählt hat. Also geht Alice weiterhin zu ihm. Und er erzählt ihr sein Leben. Sein ganzes Leben. Sie ist erschüttert von dem Vertrauen, das er ihr erweist.

Ich lasse ein oder zwei Tage verstreichen, ehe ich selbst den Kranken wieder besuche. Er spricht über seinen Bruder, mit dem er sich nicht gut versteht; dieser Bruder hat ein wohlgeordnetes Leben und wirft ihm immer vor, er sei zu oft aus der Reihe getanzt …

Da bringe ich die Rede auf Alice:

– Ich glaube, Sie haben einen guten Draht zu ihr …

– Sie ist ein Engel!, antwortet er, und an seinem Blick erkenne ich, daß das keine Schmeichelei ist.

Er benutzt dieses Wort, das „Gesandter Gottes“ bedeutet, mit Bedacht. Ich spreche die Frage der Sakramente an, von denen er sich seit langem entfernt hat. Die Verlegenheit gegenüber dem „Kirchenmann“, die ich bei unseren ersten Begegnungen gespürt habe, scheint gänzlich verschwunden. Wir sprechen über die Sakramente, was sie bedeuten, warum sie für das Leben des Christen so wichtig sind … Er empfängt die Absolution, aber ich erlaube mir einen kleinen Regelverstoß und erlasse es ihm, mir gegenüber alles, was er Alice bereits gesagt hat, noch einmal zu wiederholen … Er wird auch die Krankensalbung und die Kommunion empfangen. Und von diesem Moment an beendet er sein Leben vollkommen friedlich; es ist wie ein sanftes Verlöschen, nachdem er sich mit seinem Bruder und seiner Schwägerin versöhnt hat, die tiefbeeindruckt sind von seiner Zuversicht und Freude. Und die Antwort auf meine dritte Frage scheint auf der Hand zu liegen: Wenn der Priester das Monopol über die sakramentale Versöhnung hat, dann schaltet Gott sich ein und bedient sich anderer Vermittler. Und ich bin froh darüber!

Apropos Krankensalbung ...

Im allgemeinen ruft mich jemand an oder sucht mich auf: „Ich möchte, daß Sie Herrn oder Frau Soundso die Letzte Ölung spenden." Zunächst einmal mag ich den Begriff nicht. Er steht für den letzten Ausweg, ein Manöver, mit dem man sich die Güte des obersten Richters erkauft. Doch einen solchen Gott will ich nicht. Thérèse von Lisieux wollte ihn auch nicht. Und da sie zur Kirchenlehrerin ernannt worden ist, kann ich mich an sie halten. Ich kann sehr wütend werden, wenn man Gott als einen alten Mann mit Bart darstellt, der eine Waage in der Hand hält und das Für und Wider abwägt, ehe er uns in einer von gehörnten Teufeln bevölkerten Hölle braten läßt! Jesus hat uns einen Vater geoffenbart, einen Vater, der seine Kinder so sehr liebt, daß er sie auch ziehen und sie sogar ihr Erbe durchbringen läßt.* Doch wenn ich meine Zeitgenossen so reden höre, dann gewinne ich nicht den Eindruck, daß

* Vgl. das Gleichnis vom Verlorenen Sohn im Lukasevangelium (15,11–32).

das Erbe, das wir empfangen haben, ein Geschenk ist. Und außerdem sparen wir es uns sorgfältig auf und nehmen es wie das Familiensilber nur zu den großen Gelegenheiten aus dem Schrank: Taufen, Hochzeiten oder wenn es nicht gut läuft. Dann erinnert man sich plötzlich, daß Gott da ist, und man wirft ihm seine Abwesenheit und seine Unfähigkeit vor, den Lauf der Dinge zu ändern ... Denn das Gottesbild, das wir geerbt haben, unser Bild von einem allmächtigen Gott, paßt schlecht zu Krankheiten und noch schlechter zum Tod. Und während man Gott bei einer Krankheit vorwirft, daß er nicht eingreift, fürchtet man im Todesfall sein Urteil und seinen Richtspruch und verlangt vom Religionsfunktionär jene magische Geste, die die Gleichgültigkeit eines ganzen Lebens tilgen soll. Was hat all das mit Liebe zu tun? Wenn Gott ein Vater ist, erwartet er nicht, daß wir uns wie Sklaven, sondern daß wir uns wie Kinder verhalten. Wenn wir zitternd und furchtsam vor ihm stehen, bleiben wir Sklaven, die ihr Urteil erwarten. Wenn wir aber Kinder sind, die nach langer Trennung, nach einer langen Fahrt voller Gefahren und Irrtümer ihren Vater wiedersehen, dann ist die Rückkehr in die Wärme der Familie und des Zuhauses ein Grund zur Freude und zu gemeinsamem Jubel. Was würde die Barmherzigkeit bedeuten, wenn sie nicht an jenes Bild vom Gastmahl gekoppelt wäre, das im Evangelium so oft heraufbeschworen wird?

Wenn also der Angehörige eines Kranken um die „Letzte Ölung" bittet, betrifft meine erste Frage den Bewußtseinszustand des Kranken und seine persönliche Einstellung zu diesem Sakrament. Oft – allzu oft – fürchten die Verwandten die Wirkung, die das Kommen des Priesters auf den Kranken haben könnte, und bitten deshalb erst dann um das Sakrament, wenn der Kranke bereits nicht mehr bei Bewußtsein ist. Also muß der Priester das Gewand des Todes anlegen; und wenn er das Zimmer des Kranken betritt, ist das ein Zeichen dafür, daß das Ende naht. Aber was weiß man schon über das Bewußtsein eines Kranken?

Ich erinnere mich an eine Begegnung mit Bruder Thomas, einem Dominikaner, Seelsorger eines Nonnenklosters, in dem ich regelmäßig Einkehrtage oder Besinnungswochenenden mit Gruppen verbrachte. Bruder Thomas bewegte sich schwerfällig und sprach langsam. Eines Tages erzählt er mir seine Geschichte: Als er eines Abends in der Provinzstadt, in der er damals lebte, nach Hause kommt, bricht er vor seiner Tür zusammen: eine Hirnblutung. Man findet ihn erst am darauffolgenden Morgen. Er wird ins Krankenhaus gebracht, das CT macht die Tragweite der Schäden sichtbar: Das Blut ist ins Gehirn geströmt, er hat keine Chance. Dennoch wagt der Chirurg die Operation ... und entgegen aller Erwartungen stirbt der Kranke nicht. Und dann fügt Bruder Thomas diesen furchtbaren Satz hinzu: „Ein Jahr lang habe ich nicht verstanden, warum niemand auf meine Fragen geantwortet hat ... Erst nach einem Jahr habe ich begriffen, daß ich nicht sprechen konnte!" Diese ganze Zeit über nahm er alles, was um ihn herum geschah, deutlich wahr; die Sätze waren in seinem Gedächtnis formuliert, er hörte sich diese Sätze auch aussprechen, doch tatsächlich gab er keinen verständlichen Laut vor sich. Wie ein Kind mußte er erst wieder sprechen lernen, dann lesen und schreiben ...

Wie viele solcher Kranken, die ihrer Sprache beraubt sind, sind wohl noch immer „auf Sendung" und „auf Empfang", wobei ihr Empfang völlig ungestört ist, während die Sendefunktion die Frequenz gewechselt hat und von den anderen nicht mehr empfangen werden kann? Wie viele Kranke, die sich nicht mehr verständlich ausdrücken können, werden aggressiv oder vollführen unsinnige Gesten? Und tun sie das nicht vielleicht deshalb, weil das, was sie sich selbst sagen hören, sinnvoll ist, während das, was sie tatsächlich sagen, keinerlei Sinn ergibt?

Eines Tages kommt eine resignierte ältere Dame zu mir und bittet für ihren Mann um die „Letzte Ölung". Er ist einige Tage zuvor eingeliefert worden und kann sich überhaupt nicht mehr verständlich machen. Das Ende scheint nahe. Die Frau sagt, sie sei sehr müde und habe schon längst das Gefühl, ihren langjährigen Lebensgefährten verloren zu haben, der ja nun bloß noch ein „Gemüse" sei. Ich frage, ob ihr Mann den Wunsch geäußert habe, die Krankensalbung zu empfangen. Sie glaubt, daß er das nicht getan hat. Daraufhin erkläre ich ihr den Sinn des Sakraments: daß es dem Kranken die Kraft geben soll, die er braucht, um diese Prüfung durchzustehen, daß aber jemand, der nicht darauf vorbereitet ist, dies auch als eine zusätzliche Prüfung empfinden kann. Ehe ich eine Entscheidung treffe, gehe ich also allein zu dem Kranken.

Der Mann liegt mit geschlossenen Augen da, sein leicht verzerrter Mund steht offen, die Zunge hängt heraus. Alle Bemühungen scheinen nutzlos, jegliche Kommunikation unmöglich. Dennoch spreche ich mit ihm wie mit jemandem, dessen Hörvermögen nicht beeinträchtigt ist; ich stelle mich vor und erkläre den Sinn meiner Vorgehensweise. Weil ich sichergehen will, daß er nicht gegen die Feier dieses Sakraments ist, das seine Frau für ihn erbeten hat, lege ich meine Hand unter seine:

– Sie wollen mir bestimmt etwas sagen, sage ich zu ihm, aber ich kann sie nicht verstehen. Wenn Sie nicht wollen, daß ich Ihnen dieses Krankensakrament spende, dann versuchen Sie mir ein Zeichen zu geben, machen Sie eine Bewegung, drücken Sie mir die Hand …

Kein Zeichen; nichts regt sich. Ich warte eine Zeitlang, dann sage ich:

– Ich habe von Ihnen kein Zeichen erhalten. Ich schließe daraus, daß Sie nicht dagegen sind, dieses Sakrament zu feiern, und es wird zumindest Ihrer Frau guttun! Ich hole also alles, was ich brauche, und komme wieder.

Das Sakrament wird in Anwesenheit seiner Frau, seiner Tochter und seines Bruders gefeiert. Während der gesamten Zeremonie wende ich mich immer wieder an den Kranken, erkläre ihm die Gesten der Handauflegung und der Salbung und erläutere jedes Gebet. Ich tue dies ebenso für die Angehörigen wie für den Kranken, bei dem ich nicht das geringste Zeichen der Anteilnahme erkennen kann. Was versteht er, was nimmt er wahr? Alles weist darauf hin, daß er bereits woanders ist …

Nach der Feier wende ich mich erneut an ihn:

– Ich bin glücklich, daß ich dieses Sakrament mit Ihnen feiern durfte; ich lasse Sie nun mit Ihrer Familie allein und komme später noch einmal wieder …

Ich habe mich über ihn gebeugt und spreche sehr behutsam mit ihm; seine Frau steht auf der anderen Seite des Bettes und wendet den Blick keine Sekunde lang von ihm. In diesem Moment unternimmt dieser Mann, der seit beinahe einer Stunde keinen einzigen Muskel bewegt hat, eine beträchtliche Anstrengung, um seinen Mund langsam zu schließen. Dann hören wir ihn deutlich die Worte sprechen:

– Danke, *mon père!*

Entgegen allem Anschein hat er jedes Wort verstanden und Anteil genommen, ohne diese Anteilnahme zeigen zu können. Vor allem aber war er noch durchaus lebendig, und für seine Frau war dieser Satz zweifellos das schönste Geschenk, das er ihr machen konnte. Er lebte noch zwei Tage, und während dieser beiden Tage blieb sie bei ihm, sprach zu ihm, erinnerte ihn an die langen Jahre des Glücks und der Gemeinsamkeiten. Und dann ließen sie einander gehen, friedlich und gestärkt von jener Liebe, die sie bis zum Ende miteinander geteilt hatten.

Ist Freude erlaubt?

An diesem Tag bin ich mit meiner Zeit besonders knapp. Ich komme nur, um an einem Meeting des Seelsorgeteams teilzunehmen. Doch eine Kranke hat um die Krankensalbung gebeten, und das duldet keinen Aufschub. Sie ist eine unverheiratete Frau, die vom Leben nicht geschont worden und immer nur für andere dagewesen ist; jetzt wirft sie sich oft vor, nicht genug an sich selbst gedacht und nie wirklich gelebt zu haben. Sie steht am Ende ihres Lebens, und all die Prüfungen haben sie frustriert und verbittert werden lassen.

Wir unterbrechen unser Meeting und gehen alle zusammen in ihr Zimmer, denn jeder aus dem Team hat mit ihr zu tun gehabt und sie begleitet. Ohne große Einleitung feiere ich das Sakrament, achte jedoch tunlichst darauf, alles zu erklären und zu kommentieren … Danach müssen wir unser Meeting fortsetzen. Ich mag es nicht, wenn nach der Spendung des Sakraments keine Zeit für die Stille, das Zuhören und die Gemeinschaft bleibt … aber ich habe keine Wahl! Eine Teamangehörige bleibt noch etwas länger im Zimmer. Und als sie wieder zu uns stößt, berichtet sie uns, wie die Kranke auf die Feier reagiert hat:

– Ich verstehe das nicht: das, was ich jetzt fühle, ist Freude! Ich bin froh!

Offenbar hat sie in der Süße des Annehmens ihren Frieden gefunden ...

„Wasser …“

Warum war ich an diesem Abend länger im Haus geblieben als sonst? Es ist bereits halb zehn, als im Büro des Seelsorgeteams das Telefon klingelt: „Kommen Sie schnell, Mademoiselle B. will Sie dringend sprechen …“

Ich kannte Mademoiselle B. gut. Das Zimmer dieser kleinen, zierlichen, alleinstehenden Frau befand sich ganz in der Nähe der Kapelle und des Seelsorgebüros. Sie hatte keine Angehörigen; ihr Leben lang hatte sie im Dienst einer wohlhabenden Familie gestanden, und wenn sie einmal Besuch bekam, dann waren es die Enkel ihrer früheren Brotherren. Resigniert wartete sie auf den Tod und ging nie aus ihrem Zimmer. Jedesmal, wenn einer der Seelsorger sie besuchte, sagte sie, sie bräuchte nichts und hätte gerne ihre Ruhe. Ich gehe also in ihr Zimmer; eine junge Frau sitzt bei ihr und entschuldigt sich:

– Ich gehöre nicht zur Familie …

– Ich weiß!

Ich trete an Mademoiselle B. heran, die wie ein welker Schatten auf ihrem Kopfkissen liegt. Sie spricht, aber ich verstehe nicht, was sie mir sagen will. Ich beuge mich zu ihr herab und höre:

– Absolution!

Ich frage sie, ob sie die Krankensalbung empfangen möchte. Sie bejaht. Ich hole das Rituale, das heilige Öl … Die junge Frau will sich zurückziehen, doch ich bitte sie im Gegenteil, zu bleiben. Die Kranke scheint an der Zeremonie keinen Anteil zu nehmen, doch nach einem kurzen Moment des Schweigens höre ich sie murmeln:

– Schnell!

Nach der Feier frage ich sie, ob sie nun ruhiger ist; sie haucht:

– Wasser!

Ihre Freundin erklärt:

– Sie möchte Lourdeswasser!

Ich habe keines im Haus … aber in der Sakristei haben wir einen kleinen Vorrat an geweihtem Wasser; das tut es auch. Also hole ich das Fläschchen und einen Löffel und gebe der Kranken einige Tropfen zu trinken. Sie wirkt ruhiger. Ich verabschiede mich und verspreche ihr, am nächsten Morgen wiederzukommen. Sie wird nicht auf mich warten, sondern noch in der Nacht entschlafen. Sie hatte den Moment der Begegnung mit dem Priester selbst gewählt, sie hatte ihren Tod kommen sehen, und das Schicksal – oder die Vorsehung – wollte, daß ihre Wahl respektiert wird.

Vorsicht vor der Leibgarde!

Es ist ein Versteckspiel. Louis ist unverheiratet, aber seine Schwester wacht über ihn und beschützt ihn. Gegen seinen Willen. Sie sieht es nicht gerne, wenn die Mitglieder des Seelsorgeteams ihren Bruder besuchen; da er jedoch darauf besteht, müssen wir wachsam sein und ihn immer dann aufsuchen, wenn seine Schwester endlich gegangen ist …

Louis ist Maler, und er liebt es, mit uns über Kunst, über Ausstellungen und über seine Malerei zu sprechen. Auf seinem Nachttisch liegt immer die Mappe mit den Photographien seiner Werke: gegenständliche Gemälde von sanfter, sensibler Machart; aber auch Phantasien mit Liebe zum Trompe-l'œil: Sämtliche Wände seiner Wohnung waren mit falschen Vorhängen, versteckten Türen und imaginären Bücherregalen bedeckt. Louis gesteht uns seine Schwäche für die surrealistische Bewegung.

Die Anweisung stammt von seiner Schwester: Er darf weder über seinen Zustand noch über das Fortschreiten seiner Erkrankung informiert werden. Doch Louis ahnt, daß man ihm etwas verschweigt. Er vertraut uns und bittet ein erstes Mal darum, daß man ihm die Wahrheit sagt. Wir weichen aus, sagen ihm, wir seien nicht zuständig und er solle sich an die Ärzte wenden … Einige Tage später kommt er wieder auf sein Anliegen zurück – offenbar hat er nicht erfahren, was er wissen wollte: „Ich muß die Wahrheit wissen, man verheimlicht mir etwas!“ In dem sich anschließenden Gespräch versuche ich herauszufinden, was genau ihn so beunruhigt: Angst zu sterben, Angst zu leiden? Ich frage ihn nach seiner Hoffnung, und wir sprechen über den Glauben. Ihm wird bewußt, daß dies die letzte Etappe seines Lebens ist, und das macht ihm zu schaffen. Gleichzeitig wirkt er gefaßt; er weiß, daß die medizinische und geistliche Begleitung bis zuletzt aufrechterhalten werden wird, und das beruhigt ihn.

Er kann es sich nicht verkneifen, seine Schwester zum Schweigen zu bringen, die weiterhin versucht, ihn – oder vielleicht sich selbst? – zu beruhigen: „Aber es geht dir schon besser … wenn du erst hier raus bist …“ Sie begreift, daß er seine Situation richtig einschätzt, und ihre Reaktion gegenüber dem Personal und den Seelsorgern ist heftig. Wir halten das aus. Louis hat seinen Frieden gefunden, und nur das zählt. Bei einem meiner folgenden Besuche spreche ich mit ihm über seinen Wunsch, alles zu erfahren:

– Was haben Sie jetzt für Pläne, nachdem Sie Ihre Situation kennen? Was möchten Sie gerne tun?

Daraufhin vertraut er mir an, wie sehr es ihn schmerzt, nicht mehr malen zu können …

Es ist nicht schwer, seine Farben, seine Staffelei und seine Leinwände kommen zu lassen; und Louis wird geduldig und in aller Ruhe ein oder zwei Gemälde fertigstellen und noch weitere beginnen. Und er malt ein Dorf mit einem Friedhof im Vordergrund; es ist das Dorf, wo man ihn begraben wird; sein letztes Bild zeigt sein Dorf … von seiner letzten Wohnstatt aus gesehen. Als er dieses Gemälde signiert, zeigt er damit an, daß er am Ende der Etappe angekommen und zum Aufbruch bereit ist. Er wird schnell und ohne erkennbare Unruhe sterben.

* * *

Auch Jacques ist Kunstmaler; er geht nur selten in die Kirche, das überläßt er seiner Frau, aber gegen die Besuche des Seelsorgeteams hat er nichts einzuwenden. Er spricht gerne über seine Kunst, zeigt Photographien von seinen Werken, erinnert sich der Inspirationen, die seine Entwicklung beeinflußt haben. Noch vor kurzem hat er sich ein ganzes Jahr lang mit der Apokalypse befaßt, die ihn zu einer Reihe von Gemälden in kräftigen Farben inspiriert hat. Hat die Auseinandersetzung mit dieser phantastischen Vision des heiligen Johannes ihm diesen Frieden gebracht, in den er nun sanft eintritt? Was erwartet er von diesem nahen Tod? Die Freundschaft des Seelsorgeteams, die beständige Anwesenheit seiner Frau werden die Trennung lindern. Ganz sicher hat er gelernt zu hoffen.

Und wieder Leibwachen!

Die Frau war mir schon auf dem Flur aufgefallen. Sie war noch jung, sehr schön, sorgfältig zurechtgemacht. Ihr Mann war einige Tage zuvor eingeliefert worden; niemand besuchte ihn, nur seine Frau war jeden Nachmittag bei ihm. Ich begegne ihr vor der Zimmertür; das Pflegepersonal ist gerade bei ihrem Mann. Im Vorbeigehen frage ich, ob es Neuigkeiten gibt …

– Von wem? Von mir?

Die Worte sind wie ein Schlag ins Gesicht …

Am darauffolgenden Vormittag betrete ich das Zimmer. Der Kranke sitzt aufrecht im Bett, eine Sauerstoffmaske auf dem Gesicht. Er schaut mich an, ohne auf mein Hereinkommen zu reagieren. Man sieht ihm an, daß er gewohnt war, Verantwortung zu tragen, und daß er nicht schlecht verdient hat: sein Pyjama wirkt teuer, seine Haare sind perfekt geschnitten und frisiert, sein Blick ist selbstsicher, die Haltung aufrecht. Ich stelle mich vor und frage ihn sofort, ob mein Besuch ihm lästig ist. Er schüttelt den Kopf und fordert mich auf, Platz zu nehmen. Seine Atemnot macht ihm angst, und er hat Mühe zu sprechen. Ich bleibe nur kurz, aber als ich mich verabschiede, frage ich ihn, ob er möchte, daß ich wiederkomme. Er nickt.

Unbemerkt von seiner Frau besuche ich ihn praktisch täglich. Eines Tages erzählt er mir von seiner Beziehung zu dieser Frau, die er vor dreißig Jahren geheiratet hat, mit der er jedoch seit langem nicht mehr spricht:

– Sie kommt, sie setzt sich hin und liest ihre Zeitschrift. Und wir reden nichts. Wir haben uns nichts zu sagen.

Er erzählt mir, soviel er kann, er öffnet sich. Er ist nicht sehr gläubig, aber er hat das Bedürfnis, ein Wort der Hoffnung zu hören. Nach und nach, mit zunehmender Schwäche, lese ich in seinen Augen, wie wichtig meine Besuche ihm auf dieser Etappe geworden sind, die er wie die anderen Etappen seines Lebens alleine durchläuft. Nur, daß er vorher sein Leben selbst in der Hand hatte, und sich nun daran gewöhnen muß, nicht mehr selbst zu bestimmen … Er braucht Begleitung, und seine Lebensgefährtin ist auf diesem Weg nicht an seiner Seite.

Dann ist er eines Tages tot. Ich treffe seine Frau, die keine Regung zeigt. Ich sage nichts. Die Seite ist umgeblättert, eine Seite, deren wesentliche Botschaft für sie mit unsichtbarer Tinte geschrieben ist!

„Das Beste, was ich getan habe …"

Er ist ein einsamer Mann. Traurig. Er weiß, wo er ist: Vor knapp einem Jahr hat er seine Frau in dieses Haus begleitet, wo sie auch gestorben ist. Seine Kinder leben weit weg, Besucher sind selten. Also besuche ich ihn, obwohl ich weiß, daß er nicht darum gebeten hat, einen Seelsorger zu sehen. Wir führen philosophische Gespräche. Er liebt die Metaphysik, stellt Fragen über den Sinn des Lebens, versichert mir jedoch, keinen Glauben und keine Religion zu besitzen. Spontan läßt er sich auf eine Art Lebensrückblick ein; viele der Kämpfe, die er geführt hat, kommen ihm jetzt sinnlos vor.

– Das Beste, was ich getan habe, war eigentlich, daß ich meine Frau bis zum Schluß begleitet habe …

Ich werde ihn noch zwei- oder dreimal sehen. Er ist liebenswürdig, freut sich über den Besuch, wird jedoch rasch müde. Eines Tages erfahre ich, daß er im Sterben liegt. Ich gehe nicht in sein Zimmer, damit er nicht den Eindruck gewinnt, ich wollte im letzten Augenblick einen billigen „Sieg" erringen. Doch ich winke seinen Kindern, die an seinem Bett sitzen, kurz auf den Flur zu kommen. Dort erzähle ich ihnen von unserem ersten Gespräch und von dem, was er über seine Frau gesagt hat. Die Kinder sind erschüttert. Im Augenblick des Todes erkennen sie an ihrem Vater eine Sensibilität, die er sie nie zuvor hat spüren lassen …

Der letzte Blick

Der Algerienkrieg hatte seine Spuren hinterlassen. Eine Scheidung, nach der er seinen Sohn dreißig Jahre lang nicht sehen sollte, eine extrem fragile Psyche und eine panikartige Angst vor dem Alleinsein. Zum Glück hatte der Mann drei Schwestern, intelligente und positive Frauen, die ihn hervorragend betreuten und, wenn es nötig war, auch bemutterten. Bei meinem ersten Besuch hatte er mich ein wenig verlegen gefragt:

– Würde es Ihnen etwas ausmachen, meine Hand zu halten?

Danach nahm ich ihn jedesmal bei der Hand, und dieser körperliche Kontakt mit einem „Lebendigen" war beruhigend für ihn.

Den Schwestern war es gelungen, den Kontakt zu seinem Sohn wiederherzustellen, und er war gekommen, um seinen Vater zu sehen. Eines Nachmittags ging es dem Kranken schlecht. Er sprach fast nichts mehr und konzentrierte sich ganz auf das Atmen, das ihm schwerfiel. Alle waren da. Die drei Schwestern tranken gerade einen Kaffee in der „Familienecke", der Sohn war ebenfalls in der Nähe. Ich nutze die Abwesenheit der Angehörigen und betrete das Zimmer. Er sitzt aufrecht im Bett; ich setze mich dazu und halte seine Hand. Nach einigen Minuten bewegt er die andere Hand; ich frage ihn, ob er will, daß ich jemanden von seiner Familie hole. Er nickt! Also gehe ich hinaus und begegne seinem Sohn:

– Gehen Sie bitte hinein, Ihr Vater möchte Sie sehen!

Ich bleibe einen Moment vor der Tür stehen und spreche mit dem Arzt, der gerade vorbeigeht; doch schon bald öffnet sich die Tür, und der Sohn kommt heraus:

– Ich glaube, mein Vater atmet nicht mehr …

Der Arzt betritt das Zimmer und stellt den Tod fest. Dieser Vater hatte gewollt, daß sein letzter Blick den Blick seines Sohnes traf, der für ihn viel zu lange verloren gewesen war …

Sie können nicht mehr!

Wie oft versuchen die Angehörigen eines Kranken, der einfach nicht mehr kann, ihn anzuspornen, als wollten sie ihn mit Gewalt in einem Anschein von Leben festhalten. Aber das Leben läßt sich nicht auf den Schein reduzieren. Wer weiß, welche Anstrengung es jemanden kostet, die Augenlider anzuheben, wenn er ohnehin schon am Ende seiner Kräfte ist? Wer hat die Muskeln gezählt, die man in Bewegung setzen muß, um ein einziges Wort auszusprechen? Doch wenn man die Augen geschlossen hält und schweigt, heißt das nicht, daß man nicht für alles empfänglich ist, was um einen herum geschieht, daß man nicht von diesem Zustand abgelenkt werden möchte, in dem man der Gefangene eines Körpers ist, der nicht mehr reagiert, eingeschlossen in eine Art Taucherglocke und unfähig, seinen Willen oder seine Gefühlsregungen zu zeigen …

Man darf jemanden, der allem Anschein nach abwesend ist, nicht als bloßes Objekt betrachten, man darf nicht über ihn sprechen, als wäre er nicht da, sondern muß ihn im Gegenteil ansprechen, ihm vielleicht deutlich machen, daß wir nicht verstehen können, was er uns womöglich sagen will, und ihn ablenken, über Dinge reden, die ihn interessieren und ihn immer wieder in das Gespräch einbeziehen. Den Angehörigen solcher „nicht ansprechbarer" Patienten rate ich häufig, den Kranken zu mehreren zu besuchen und in seinem Zimmer „Konversation zu treiben". Auch wenn er sich nicht an der Unterhaltung beteiligen kann, können die Worte der anderen ihn immerhin aus seinem Gefängnis befreien und ihn in einem lebendigen Umfeld halten.

Eine junge Frau, die nach einem operativen Eingriff drei Monate im „künstlichen Koma" gelegen hatte, überraschte ihre Umgebung, kurz nachdem sie wieder aufgewacht war, damit, daß sie sich an einer Unterhaltung über ein Ereignis beteiligte, das sich während ihres Komas zugetragen hatte. Ihr Schwiegervater hatte damals einige Stunden an ihrem Bett verbracht und mit lauter Stimme einen Zeitschriftenartikel über dieses Ereignis vorgelesen. Die Kranke hatte sich alles gemerkt, und dabei hatte niemand vermutet, daß sie überhaupt irgend etwas wahrnahm!

Beim Bridge wird der Spieler, der nichts tut und nichts sagt, bei uns in Frankreich „le mort" genannt, der Tote – das heißt aber nicht, daß er nicht mitspielt und keinen Anteil nimmt!

Was erwarten sie?

Angesichts eines Kranken, der nicht reagiert, der „im Koma liegt", fragt man sich häufig nach dem Nutzen der eigenen Anwesenheit; soll man bleiben, soll man jemandem Gesellschaft leisten, der bereits anderswo zu sein scheint?

Es fehlt nicht an Beispielen, die beweisen, daß das Nichtvorhandensein von Reaktionen keineswegs bedeutet, daß der Kranke seiner Umgebung gegenüber gleichgültig ist. Und nicht selten entscheidet er sogar selbst, wer bei seinem Tod anwesend sein soll. Oder abwesend! Wie viele Patienten sterben genau dann, wenn der Ehepartner, das Kind, der Elternteil, die rund um die Uhr da sind, für einen Moment das Zimmer verlassen, um eine Zigarette zu rauchen oder einen Kaffee zu trinken? „Ich war nur fünf Minuten weg ..." Wie oft habe ich schon zu Angehörigen gesagt, die eigentlich die ganze Zeit über da waren: „Wenn er während Ihrer Abwesenheit stirbt, dann liegt das ganz sicher daran, daß er Ihnen diesen schmerzlichen Moment ersparen, daß er Ihnen kein Leid zufügen will; wenn es so kommt, dann fühlen Sie sich bitte nicht schuldig, das ist vollkommen absurd!"

Einer Freundin, die vor acht Tagen gekommen war, ging es sehr schlecht; ihr Mann und ihre Schwägerin waren bei ihr im Zimmer. Weil ich sah, daß das Ende nahe war, war ich ebenfalls bei der Kranken. Die Pausen zwischen den einzelnen Atemzügen wurden immer länger. Ein Handy klingelt; jemand will wissen, wie es steht; der Mann verläßt das Zimmer. Sofort hört die Patientin auf zu atmen. Als ihr Mann wieder hereinkommt, hat sie die Welt der Lebenden bereits verlassen. Sie hat den Anruf genutzt, um sich davonzustehlen ...

Eine ältere Frau ist eingeliefert worden; sie wird von einer Angestellten begleitet, die sich schon lange um sie kümmert. Trotz ihres hohen Alters verrät ihr Aussehen, daß sie immer sehr auf ihr Äußeres geachtet hat: Ihre Haare sind tadellos gefärbt und frisiert, ihre Fingernägel lackiert ... Sie weiß, daß ihr Zustand kritisch ist, und vertraut mir an, daß sie hofft, bis zur Ankunft ihres Sohnes durchzuhalten, der in Australien lebt und am darauffolgenden Tag ankommen soll; sie schont ihre Kräfte. Sie wird ihren Sohn wiedersehen; er wird einen ganzen Tag im Zimmer seiner Mutter verbringen, und gegen Abend wird sie friedlich einschlafen.

Leinen los!

Woher nimmt jemand, den nichts mehr im Leben zu halten scheint, noch die Kraft, den Moment seines Todes hinauszuzögern? In vielen Fällen ist der Augenblick, in dem der Kranke aufhört zu atmen, eindeutig nicht zufällig. Überlebensinstinkt, der Wille des „Komapatienten", noch eine bestimmte Begegnung abzuwarten oder ein familiäres Problem zu regeln – wer weiß, wie der Kranke dieses Band, das ihn noch in der Welt der Lebenden hält, lösen wird?

Ich hatte Madame V. kennengelernt, kurz bevor sie in einen nichtansprechbaren Zustand verfiel. Es hatte sie offenbar gefreut und beruhigt, mich zu sehen. Ihre einzige Tochter, um die fünfzig, alleinstehend, wich ihr nicht von der Seite. Sie war Tag und Nacht bei ihr und spornte sie unablässig an: „Mach die Augen auf … Du hörst mich doch … Verlaß mich nicht …" Es ist eine sehr enge Beziehung, die Mutter hat ihre Tochter in allen möglichen Schwierigkeiten immer unterstützt und beschützt. Und die Tochter war nicht bereit, den Gedanken zu akzeptieren, daß sie ohne ihre Mutter würde weiterleben müssen, deren Koma sich in die Länge zog. Eines Tages tröstete ein Mitglied des

Seelsorgeteams die in Tränen aufgelöste Tochter und riet ihr, sich auf die bevorstehende Trennung einzustellen.

– Ich weiß ja, antwortete die Frau, aber ich bitte den lieben Gott, daß er sie mir noch ein paar Tage läßt …

– Sie müssen Sie dennoch loslassen; Sie halten sie fest!

Einige Tage später kam sie wieder zu uns:

– Ich glaube, ich bin nun bereit; ich habe Maman gerade gesagt, daß sie gehen kann und daß ich schon zurechtkommen werde …

Eine Stunde später erfahren wir, daß Madame V. verstorben ist. Sie hatte gewartet, bis ihre Tochter sich mit der Möglichkeit ihres Todes abgefunden hatte; erst dann hatte sie es sich erlaubt, zu gehen.

„Sie müssen gehen!"

Roland wird von seinen Freunden sehr umsorgt. Er ist gerade vierzig geworden, aber nur noch Haut und Knochen, und er hustet sich die Seele aus dem Leib. Sein Bruder Paul vertraut mir an, daß Roland sich mit seinen Eltern zerstritten hat und sie nicht mehr sehen will … Paul will vermitteln, doch da die ganze Familie auf dem Land lebt und die Freunde dazu neigen, Roland vor seinen Verwandten zu beschützen, weiß er nicht, was er tun soll …

Der Arzt macht sich Sorgen um den Zustand des Kranken; er ist äußerst schwach, und doch klammert er sich mit einer überraschenden Energie ans Leben. Heute ist sein Geburtstag; als ich an seinem Zimmer vorbeigehe, steht die Tür offen, die Freunde, die ich von Zeit zu Zeit auf dem Korridor treffe, winken mir, ich solle hereinkommen; sie haben Kuchen mitgebracht und bieten mir ein Stück an. Für mich ist das die Chance zu einem informellen, freundschaftlichen Kontakt mit Roland, der mit mir spontan über seinen Glauben, sein Leben und seine Sehnsucht spricht, daß es endlich ein Ende haben soll …

Am darauffolgenden Tag gelingt es Paul, Roland zu einem Wiedersehen mit seinen Eltern zu überreden, die entsetzlich unter der Trennung leiden. Man ist übereingekommen, daß sie kommen, wenn die Freunde nicht da sind, und daß sie anschließend wieder nach Hause fahren. Doch die Begegnung gestaltet sich anders, als Roland es erwartet hat; er ist glücklich, seine Eltern wiederzusehen, und man tauscht versöhnliche Worte aus … So wird entschieden, daß die Eltern im Zentrum bleiben, wo es ein Zimmer für sie gibt. Das Zusammentreffen mit den Freunden verläuft gut, und so kehrt Friede ein, während Roland immer schwächer und seine Schmerzen immer stärker werden; bald spricht er nicht mehr …

Daraufhin treffen der Arzt und die Schwestern eine Entscheidung; sie bitten Paul und die Eltern, das Haus zu verlassen: „Er klammert sich an Sie, Sie hindern ihn daran zu gehen, Sie müssen sich von ihm trennen …"

Die Eltern gehen in Rolands Zimmer. Er reagiert nicht. Sie sagen ihm, daß sie das Palliativzentrum verlassen und in seiner Vorstadtwohnung wohnen werden, damit sie ihn jeden Tag besuchen können. Paul nimmt den Zug nach Rouen. Doch noch ehe er dort ankommt, noch ehe die Eltern Rolands Wohnung erreicht haben, ruft sie das Telefon zurück: Es ist vorbei. Nach dem glücklichen Wiedersehen hatte Roland alles daran gesetzt, um nicht wieder derjenige zu sein, der seine Familie verläßt. Er hatte darauf gewartet, daß seine Eltern zuerst gingen.

Sie hat gewartet!

Ich kannte Bernadette schon lange. Ihre und meine Familie waren auf dem Land Nachbarn gewesen. Ihr Leben war in drei Etappen verlaufen und von zwei Leidenschaften geprägt gewesen: zuerst der Musik, einem ersten Leben als internationale Konzertcellistin, dem Pablo-Casals-Preis für Violoncello, Tonstudios, Konzertbühnen ... bis sie Michel begegnete, ihrer zweiten Leidenschaft. Da war es vorbei mit der Musik, das Cello war vergessen, und es folgten zwanzig Jahre leidenschaftlicher Liebe an der Seite eines Diplomaten. Dann kommt der Bruch. Jeder geht seiner Wege, sie kehrt zu ihrem Cello zurück – grimmig entschlossen, an die Erfolge von einst anzuknüpfen; die Kinder sind versprengt, zwei heiraten ... Und dann die Krankheit, Krebs.

Auf der Liste der heutigen Einlieferungen entdecke ich ihren Namen. Ich gehe sofort zu ihr. Seit über zwanzig Jahren haben wir uns nicht gesehen; sie ist sehr müde; die Chemotherapie hat ihr die schönen braunen Haare genommen ... Ich stelle mich vor, denn ich vermute, daß sie mich nicht erwartet! In diesem Augenblick kommt Michel aus dem Badezimmer: „Natürlich erkenne ich dich! Es ist lange her ... was ist aus dir geworden?" Er hat den Tag hier verbracht, wird jedoch noch heute nach Hause fahren; er wohnt weit weg und will erst in zwei oder drei Wochen wiederkommen …

Bernadette ist sehr umsorgt – von ihren Kindern, die regelmäßig von weit her kommen, um sich an ihrem Bett abzulösen, von ihrer Familie, von ihren Freunden. Doch die Krankheit schreitet voran, und nach einigen Wochen reagiert sie nicht mehr. Das Koma wird mehr als zwei Monate dauern … Eines Tages ist ihre jüngere Tochter da; sie sitzt bei ihr und hält ihre Hand. ich setze mich an die andere Seite des Bettes, und wir sprechen über die reglose Kranke hinweg von belanglosen Dingen. Eine Schwester kommt herein, um die Morphinlösung auszutauschen. Sie ist „auf 180"!

– Wenn ich nach Hause komme, interessiert mein Mann sich überhaupt nicht für das, was ich tue, er sitzt vor dem Fernseher, aber er sieht sich gar nichts an, er zappt nur …

Und dann, in einem Ton, der keine Widerrede zuläßt:

– Die Männer sind doch alle gleich: Sie töten einem den letzten Nerv, aber ohne sie geht es auch nicht!

In diesem Moment wird Bernadette, die bisher in keiner Weise zu erkennen gegeben hat, daß sie wahrnimmt, was um sie herum geschieht, von einem brutalen, heftigen Hustenanfall geschüttelt … Wir sehen uns an und denken alle dasselbe: Sie hatte jedes Wort verstanden und teilte ganz offensichtlich die Einschätzung der Krankenschwester, die mit ihrer entwaffnenden Offenheit einen Heiterkeitsausbruch bei der Patientin ausgelöst hatte … und dieser hatte sich aufgrund ihres Zustands in einen Hustenanfall verwandelt!

Ein Monat verstreicht. Bernadette ist nicht wieder aus ihrer scheinbaren Bewußtlosigkeit aufgewacht. Inzwischen hat Michel seinen Platz in der Familie wiedergefunden: Er ist immer häufiger zu Besuch gekommen und schließlich nach Paris gezogen, um so viel Zeit wie möglich an Bernadettes Bett zu verbringen. Sie haben viele Fragen im Zimmer der Kranken ausdiskutiert: der Vater mit seinen Kindern, die Kinder untereinander, die Verwandten … Konflikte haben sich beruhigt.

Eines Tages ruft die ältere Tochter mich an:

– Ich weiß nicht, was Maman noch hält; sie liegt seit fast drei Monaten im Koma; ich habe ihr doch gesagt, daß sie gehen kann, daß wir uns vertragen, daß wir ohne sie zurechtkommen …

Ich weiß nicht recht, was ich antworten soll, und schlage ihr vor:

– Vielleicht wartet sie noch auf irgend etwas … vielleicht eine Versöhnung mit Ihrem Vater?

Drei Tage später erfahre ich, daß Bernadette verstorben ist. In ihrem Zimmer treffe ich Michel und die drei Kinder. Die Tochter, die mich angerufen hatte, zieht mich in eine Ecke des Zimmers …

– Sie hatten recht: gestern abend ist Papa mit meiner Schwester weggegangen; sie hatten seit zehn Jahren nicht mehr miteinander geredet …

Ein Jahr ist vergangen; Michel bittet mich, das Jahrgedächtnis für Bernadette zu halten. Als wir die Feier gemeinsam vorbereiten, sagen die Kinder zu mir:

– Seit einem Jahr haben wir das Gefühl, daß Maman da ist und unsere Familie beschützt: Wir verstehen uns so gut wie nie zuvor!

Einsamkeiten

Eine alte Dame liegt im Sterben. Cécile ist ihre einzige Tochter, unverheiratet, um die sechzig, immer sehr gepflegt, doch völlig außer sich bei dem Gedanken, ihre Mutter verlieren zu müssen. Ihr Verhalten macht uns Sorgen. Vom Pflegepersonal und den Sozialarbeiterinnen hören wir, daß Cécile Flugbegleiterin gewesen ist, daß ihre Mutter und sie jedoch nur sehr wenige Ersparnisse haben und völlig isoliert leben. Cécile droht sich umzubringen, wenn ihre Mutter tot ist.

Bei der „Familienmesse", zu der wir alle Familien einladen, die in den vorangegangenen Monaten einen Angehörigen verloren haben, dürfen wir beglückt feststellen, daß sie ihre Drohung nicht wahrgemacht hat: Die Sozialarbeiterinnen haben den Kontakt mit ihr gehalten.

In einem Zimmer ganz in der Nähe verbringt ein Jahr später ein Mann seine letzten Tage. Seine Frau, Jeanne, ist Bretonin und rühmt sich ihres Dickschädels ... Sie sieht dem Alleinsein, das sie erwartet, gelassen entgegen, zumal ihre einzige Tochter in der Bretagne lebt ...

Auch sie kommt einige Monate nach dem Tod ihres Mannes zur „Familienmesse". Ich freue mich, sie wiederzusehen, denn allzuoft bereitet der Tod, der eine Beziehung, eine Begegnung unterbricht, einem Dialog ein brutales Ende, der, wenn die Trauer den Schmerz lindert, erfolgversprechend fortgeführt werden könnte. Doch dann sehe ich Cécile. Sie war nicht zu dieser Messe eingeladen, weil ihre Mutter schon vor einem Jahr gestorben ist … Ich gehe sie begrüßen, frage sie nach Neuigkeiten, erkundige mich: Wie hat sie vom Termin dieser Messe erfahren? Da zeigt sie auf Jeanne:

– Das Grab ihres Mannes liegt gleich neben dem von Maman; eines Tages stand jede von uns weinend vor ihrem Grab, und da bat sie mich, während ihrer Abwesenheit die Blumen zu gießen … so haben wir uns kennengelernt; wir haben festgestellt, daß wir etwas gemeinsam haben: Wir haben beide wichtige Momente in diesem Haus verbracht, und so sind wir Freundinnen geworden …

Diese Geschichte hat meine Überzeugung bestätigt, daß die, die von uns gehen, uns nicht verlassen, sondern weiter über die wachen, die sie lieben, und ich stelle mir die Szene gerne wie ein Cartoon von Sempé vor: die beiden weinenden Frauen, jede vor „ihrem Grab", und im Paradies „ihre" Verstorbenen, die die Fäden ziehen, damit die beiden einander endlich begegnen …

Ohne Worte

Zuweilen verhindert ein Tumor, daß Luft in die Lungen gelangt; und wenn die Atemnot unerträglich wird, behilft man sich oft mit einem Luftröhrenschnitt: Man bohrt ein Loch direkt in die Luftröhre und führt eine Kanüle ein, die das Atmen erleichtert, den Kranken jedoch zum Schweigen verurteilt, weil die Luft die Stimmbänder nicht mehr in Schwingung versetzen kann. Die Kommunikation mit einem solchen Kranken ist nie einfach; normalerweise erfolgt sie schriftlich mit Hilfe einer Schiefertafel, was sowohl diejenigen, die nicht gut schreiben, als auch die, die ihre Bewegungen nur mit Mühe koordinieren können, vor unüberwindliche Probleme stellt.

Monsieur B. ist des Schreibens müde. Er antwortet nur noch mit ja oder nein. Dieser alte Herr ist schön. Ein ausdrucksstarkes, von tadellos frisierten weißen Haaren umrahmtes Gesicht, leuchtend blaue Augen ... Er versteht es, sich ohne Worte auszudrücken, mit einem Lächeln, einem Blick, einer Handbewegung. Er freut sich über die Besuche des Seelsorgeteams. Er hört gerne Psalmen, Gebete; und seine Augen, sein Lächeln, seine Hände geben die Gefühle in seinem Inneren deutlich genug zu erkennen. Er ist zuversichtlich. Sein Glaube läßt ihn nicht im Stich. Er bereitet sich auf die Begegnung vor. Eines Abends drückt er meine Hand etwas fester, sein Blick und sein Lächeln sind intensiver. Ich werde ihn nicht wiedersehen, er wird in der Nacht sanft entschlafen.

Auch Alphonse hat einen Luftröhrenschnitt. Außerdem ist ihm eines seiner Beine unterhalb des Knies abgenommen worden. Und er hört schlecht. Davon abgesehen scheint es ihm gut zu gehen! Man sieht ihn schweigend über die Flure fahren; den Rollstuhl bewegt er mit seinen Armen und dem gesunden Bein. Er bekommt nie Besuch. Er langweilt sich. Und obwohl die Ehrenamtlichen ihn jeden Tag mit Zeitschriften versorgen und seinen Wettschein abgeben, verrät sein Blick seine Hoffnungslosigkeit. Obwohl er schon seit Monaten im Hospiz ist, bestehen seine Kontakte zu den Seelsorgern bisher nur in einem Lächeln oder einem Gruß, wenn man sich auf dem Korridor begegnet. Seine Krankheit schreitet nur langsam voran; doch der Tumor, der die Entfernung der Stimmbänder und den Luftröhrenschnitt nötig gemacht hat, greift nun auf seine Zunge über. Er wird über eine Magensonde ernährt, und nach und nach schwillt seine Zunge an, bis sie seinen ganzen Mund ausfüllt. Er fühlt sich dadurch furchtbar erniedrigt.

Eines Tages erhalte ich eine Nachricht von einer Sozialarbeiterin. Ich suche sie auf. Sie erklärt mir, Alphonse habe mit einem Beerdigungsinstitut einen Vertrag über seinen letzten Willen abgeschlossen: Er will verbrannt werden, und seine Asche soll man auf einem Feld bei seinem Heimatdorf in der Corrèze verstreuen, das seinem Großvater gehört hat! Er hat die Sozialarbeiterin gefragt, ob es möglich wäre, das betreffende Feld zu segnen ... sie fühlt sich nicht kompetent, deswegen kommt sie mit dem Problem zu mir!

Das ist eine hervorragende Gelegenheit, mit Alphonse in Kontakt zu kommen. Er schreibt das, was er sagen will, auf eine Schiefertafel; seine Orthographie ist ungenau; doch da er sehr schlecht hört und sein Hörgerät ständig defekt ist, bediene ich mich ebenfalls der Schiefertafel, um ihm meine Worte zu verdeutlichen! Ich erkundige mich also noch einmal genau, ob sein Anliegen auch richtig verstanden worden ist, und verspreche ihm, mich schnellstmöglich darum zu kümmern. Dabei wird mir außerdem klar, daß er keine Beziehungen zu seiner Familie unterhält; ich glaube zu verstehen, daß seine Verwandten ihm vor sehr langer Zeit ein Verbrechen, vielleicht sogar einen Mord vorgeworfen haben; Alphonse war unschuldig, hatte damals jedoch seine Heimat verlassen und war nie zurückgekehrt.

Zuallererst gilt es, den örtlichen Pfarrer ausfindig zu machen und zu kontaktieren. Zum Glück verraten die rauhe Stimme und der regionaltypische Akzent einen Landpfarrer, dem sein Alter und seine seelsorgerische Erfahrung ein offenes Ohr für seine Schäflein und ihre zuweilen überraschenden Anliegen gegeben haben. Er kannte in der Gegend Verwandte von Alphonse und hatte von den familiären Problemen gehört. Und er läßt sich bereitwillig darauf ein, beim Verstreuen seiner Asche dabei zu sein und das Feld zu segnen! Ich bedanke mich bei ihm und gehe sofort zu Alphonse, um ihn zu informieren, und zum ersten Mal sehe ich auf seinem Gesicht ein breites Lächeln, das selbst seine hypertrophe Zunge nicht verhindern kann.

Am Folgetag suche ich ihn erneut auf, um ihm vorzuschlagen, er solle seiner „Bestattungsakte" einen Brief beilegen, in dem er festlegt, wie genau sein letzter Wille ausgeführt werden soll. Er empfängt mich mit demselben Lächeln wie am Vorabend. Ich habe den Eindruck, er ist von einer Sorge befreit, die ihn innerlich zerfressen hat. Ich setze den Brief auf, notiere darin auch die Telefonnummer des zu kontaktierenden Priesters und lasse ihn mehr schlecht als recht von Alphonse unterschreiben; dann schicke ich eine Kopie an das Beerdigungsinstitut, eine zweite an den Pfarrer der Corrèze und lege das Original in die Akte, die er sorgfältig in seinem Nachttisch aufbewahrt.

Seit dieser Episode ist Alphonse nicht nur gegenüber den Mitgliedern des Seelsorgeteams, sondern gegenüber seiner gesamten Umgebung wie ausgewechselt. Wir alle sind für ihn zu einer neuen Familie geworden und nehmen in seinem Herzen und in seinem Geist einen Platz ein, der zuvor leergestanden hatte. Nach wie vor wird ihm die Zeit lang, doch wenn er seine Müdigkeit äußert, dann tut er dies mit einem breiten Lächeln, und seine Augen strahlen, wenn man ihn ansieht. Ich erfahre, daß er seine Heimatprovinz in den Sechzigerjahren verlassen und sich allein in der Umgebung von Paris niedergelassen hat; er hat von kleinen Jobs gelebt; unter anderem war er Nachtwächter in einer Tankstelle. Sein einziges Hobby ist das Pferdetoto – darin lebt der Traum von einem besseren Leben fort …

Dann unterbricht eines Tages während der Messe in der Kapelle das wiederholte Scheppern der „Schleuse" die übliche Stille des Gottesdiensts. Die „Schleuse" ist eine Art Treppenaufzug, der es den bettlägerigen Kranken erlaubt, die fünf Stufen zu überwinden, die die Kapelle von den Zimmern trennt, und wenn man sie in Gang setzt, ist das Geräusch weithin zu hören! Ein Ehrenamtlicher geht hinaus und findet Alphonse in seinem Rollstuhl; er kämpft mit der Schleuse, weil er nicht weiß, wie man sie bedient! Mit ein wenig Hilfe erreicht er die Kapelle und wohnt der Messe bei …

Von diesem Tag an nimmt er mit unerschütterlicher Regelmäßigkeit an sämtlichen Gottesdiensten teil. Er lehnt es ab, daß man ihm auf dem Weg dorthin hilft, und kommt deswegen fast jedesmal zu spät; sein Hörgerät ist schlecht eingestellt und pfeift unablässig.

Als er nach elf Monaten stirbt, bleibt sein Zimmer mehrere Tage lang unbesetzt, weil das Personal Zeit braucht, um sich daran zu gewöhnen, daß man ihn nicht mehr sieht und daß dies jetzt nicht mehr „das Zimmer von Alphonse" ist … Da in seinem Vertrag keine religiöse Zeremonie vorgesehen ist, beschließen wir, uns zu versammeln, wenn er vor der Einäscherung in den Sarg gelegt wird. Wir sind rund zehn Leute: Mitglieder des Seelsorgeteams, Mitglieder des ehrenamtlichen Besuchsdiensts, Ärzte, Schwestern, Hilfsschwestern, Servicepersonal, sie alle wollen ihm die letzte Ehre erweisen. Der Bestatter, der den Leichnam hergerichtet hat, hat ihm einen guten Anzug angezogen, und auf Alphonses leicht geschminktem Gesicht liegen ein heiterer Ausdruck und die Andeutung eines Lächelns. Wir sind tiefbewegt, denn wir alle haben das Gefühl, uns von einem Freund trennen zu müssen. Jeder gibt ein paar Erinnerungen zum besten, alle sammeln sich im

Gebet. Außer dem Personal sind ein junger Mann und eine junge Frau anwesend, sein Neffe und seine Nichte, die diesen Onkel im familiären Abseits kaum kennen. Die Zeremonie erschüttert sie, sie hatten nicht erwartet, daß man innerhalb einer medizinischen Einrichtung so gut miteinander befreundet sein kann …

Das Gebet der Armen

Monsieur Perez ist ein frommer Mann. Ich sehe ihn oft, wie er in der Kapelle betet. Doch er braucht eine ganze Weile, bis er sich auf einen Kontakt einläßt. Wie viele seiner Landsleute hat dieser Spanier sein Heimatland verlassen, um in Frankreich in der Baubranche zu arbeiten, und dort ist er wahrscheinlich mit Stoffen in Berührung gekommen, die das Auftreten der Krankheit begünstigt haben. Bis zu seiner Rente hat er in Wohnheimen oder besetzten Häusern, aber nie in seinen eigenen vier Wänden gelebt. Und jetzt erträgt er es nicht, eingesperrt zu sein. Deshalb muß man ihn überwachen, wenn er hinausgeht, und wenn er aus der Eingangstür tritt, muß jemand dabeisein, der dafür sorgt, daß er ordentlich angezogen ist und den Rückweg findet! Er ist immer liebenswürdig, aber sein Charakter ist ebenso hartnäckig wie sein Lächeln, und deshalb macht er den Sozialarbeiterinnen viele Sorgen. Denn sein Zustand scheint sich stabilisiert zu haben, und es besteht Aussicht, daß er die Einrichtung verlassen kann. Doch wohin soll er gehen? Man muß eine Unterkunft finden, sie möblieren, ein Netzwerk von Betreuern schaffen, einen Pflegedienst und verschiedene Helfer engagieren; doch er wird sich all dieser Menschen so schnell wie möglich entledigen, und dann wird er sterben, allein, zu Hause, wie es ihm gefällt.

Eines Tages ist er in der Kapelle und hört nicht, daß ich hinter ihm hereingekommen bin; er geht auf den Christus in der Apsis zu: einen schönen Holzchristus aus dem 17. Jahrhundert, der von seinem Kreuz losgelöst und so beleuchtet ist, daß es aussieht, als würde er mit ausgebreiteten Armen emporschweben und alle an sich ziehen, die wie er durch den Tod hindurchgehen werden … Vor diesem Christus bleibt Monsieur Perez einen Moment lang unbeweglich stehen; dann lächelt er und streichelt die Statue mit einer unendlich sanften, zärtlichen Handbewegung … Als er sich umdreht, sieht er mich am Eingang der Kapelle stehen; noch immer lächelnd kommt er auf mich zu und sagt einfach nur:

– Ich liebe ihn …

Ökumene!

Das Seelsorgeteam ist katholisch. Doch wenn ein Kranker uns darum bittet, stellen wir Kontakte zu evangelischen Pfarrern, Popen, Rabbinern und Imamen her. Dennoch werden wir zuweilen an das Bett eines andersgläubigen Kranken gebeten, der einfach nur um ein Gebet bittet, wer auch immer da bei seinem Gott für ihn eintritt ... Und jedes Mitglied unseres Teams hat eine Ausbildung über die Bräuche und Sterberiten der anderen Religionen erhalten.

Eines Tages benachrichtigt mich eine Krankenschwester, daß die Familie von Madame Bensoussan einen Rabbiner gerufen hat, der jetzt bei der Kranken ist; im Palliativzentrum ist es üblich, daß der Hausgeistliche über jeden Besuch eines externen Seelsorgers unterrichtet wird, um nicht unter Umständen sektiererischen Bewegungen Tor und Tür zu öffnen. Die Schwester fügt noch hinzu, daß die Kinder der Kranken mit der Anwesenheit dieses Rabbiners nicht einverstanden sind und daß insbesondere eine der Töchter sehr heftig reagiert hat. Ich gehe rasch hinauf, doch als ich auf der Station ankomme, gebe ich mir den Anschein, als handele es sich um einen „Routinebesuch“ ... Drei Personen stehen ins Gespräch vertieft auf dem Flur, und dank der Beschreibung der Krankenschwester kann ich sie als Madame Bensoussans Kinder identifizieren. Als ich an ihrem Zimmer vorbeigehe, erkenne ich durch das Sichtfenster in der Tür den Rabbiner mit seinem schwarzen Gehrock und seinen Schläfenlocken, der sich mit der Kranken unterhält. Ich trete auf die drei Kinder zu und stelle mich vor; ich erkundige mich nach dem Rabbiner und erfahre zu meiner Überraschung, daß sie sich dem liberalen Judentum zurechnen: Der Rabbiner hat mir eher einen orthodoxen Eindruck gemacht! Den Kindern gegenüber erwähne ich den schönen Brauch, den mir der Rabbiner beschrieben hat, der regelmäßig ins Haus kommt – daß man am Bett des Verstorbenen das *Sch'ma Jisrael* betet. Ich frage sie, ob sie das ebenfalls tun wollen; weil sie ihre Religion nicht praktizieren, kennen sie den Brauch nicht, scheinen aber sehr interessiert, und als ich ihnen den Text anbiete, fragen sie mich, ob er in Lautschrift geschrieben sei! Ich habe ein französisches Exemplar und gehe das Dokument holen, spreche es mit ihnen durch und gebe ihnen und auch den Pflegern eine Kopie mit der Empfehlung, es zu beten, wenn der Tod von Madame Bensoussan festgestellt worden ist. Dieses schöne Gebet, das die katholischen Priester und Ordensleute in der Komplet am Samstagabend beten, vermochte die Spannungen zu lindern, die diese Familie daran gehindert hatten, sich um ihre sterbende Mutter zu versammeln und sie auf der letzten Etappe ihres Lebenswegs zu begleiten: „Der Herr ist unser Gott, der Herr ist einzig …"

* * *

Ich habe eine Weile gebraucht, um Myriam kennenzulernen. Diese kleine, dunkelhäutige Frau um die fünfzig hatte nicht darum gebeten, daß jemand vom Seelsorgeteam zu ihr kommt. Ihr Zustand schien kurzfristig nicht sehr besorgniserregend, und da sie häufig von Freundinnen besucht wurde, hielt ich es nicht für ratsam, diesen Besuchen die unseres Teams hinzuzufügen. Dennoch kam sie manchmal in die Kapelle; eine Freundin schob sie im Rollstuhl. Eines Tages sehe ich, wie sie ebenfalls in Begleitung ihrer Freundin die Messe besucht. Gemeinsam mit den anderen Kranken sitzt sie ganz vorne, und ich merke, mit welcher Andacht sie teilnimmt, antwortet, singt, kommuniziert ... Man sieht, daß sie dieses Ereignis intensiv erlebt. Nach der Feier gehe ich zu ihr, um sie zu begrüßen, wozu ich zu Beginn keine Gelegenheit hatte; da zieht sie mich zu sich herab und flüstert mir mit ihrem schönen Lächeln etwas ins Ohr: „Ich bin Muslimin, aber ich liebe alle Religionen!"

War das ihre erste Kommunion? Ich glaube nicht.

Doch nun, da der Kontakt einmal hergestellt ist, können wir uns besser kennenlernen. Nach und nach erfahre ich, daß sie Iranerin ist. Als die Mullahs kamen, ist sie geflohen; sie hat noch nicht einmal ihre Familie benachrichtigt. In Frankreich hat sie zunächst als Hausangestellte bei einer Familie gewohnt, dann als ungelernte Arbeiterin alle möglichen Jobs angenommen ... Nie hat sie sich über ihr Schicksal beklagt. Doch sie ist ledig geblieben und hat sich mit jenen Freundinnen umgeben, die nun immer wieder an ihrem Krankenbett sitzen. Ihr Glaube ist lebendig und tief, doch den Schritt zu einer Konversion hat sie nie vollzogen. Sie bittet darum, eingeäschert zu werden.

Als sie stirbt, wird genau dieses Detail zum Problem: Da sie in Frankreich keine Familie hat, müssen sich die Sozialarbeiter und die Freunde um die Beerdigung kümmern. Doch niemand weiß wirklich, was der Islam über Einäscherung sagt! Ich versuche mich zu informieren, habe jedoch keinen großen Erfolg: Keiner der Imame, mit denen wir im Kontakt stehen, kann uns eine zuverlässige Antwort geben. Also wird entschieden, den Bruder im Iran, mit dem Myriam keinen Kontakt hatte, nicht zu informieren, denn sonst könnte er die Dinge in die Hand nehmen wollen und die Situation verkomplizieren … Myriams Wille soll respektiert werden. Die Familie soll gleichzeitig von ihrem Tod und von ihrer Einäscherung erfahren.

Ihre Freunde bitten jedoch darum, daß eine Feier abgehalten wird, ehe man sie ins Krematorium bringt, und mit dieser Bitte wenden sie sich naturgemäß an das Seelsorgeteam. Sie entscheiden, daß die Anwesenheit eines Imams sinnlos ist, weil sie in die katholische Kirche und nicht in eine Moschee gegangen war. Also bereiten wir gemeinsam eine Feier vor, die der Person, um derentwillen wir uns versammeln, möglichst gerecht werden soll: Schlicht soll sie sein und nicht traurig, und sie soll die kulturellen und religiösen Quellen, aus denen sie hatte trinken wollen, nicht vermischen. Wir wählen einen Abschnitt aus dem Evangelium, ein Freund wird eine Sure aus dem Koran singen, andere werden Gedichte lesen, gemeinsam werden wir christliche Gebete sprechen, und ein wenig Sufi-Musik wird jenes Asien heraufbeschwören, aus dem sie hervorgegangen war und das sie verlassen hatte, um bei uns zu leben.

* * *

Ich war auf dem Weg zu ihrer Zimmernachbarin, und als ich das Zimmer betreten will, kommt mir Madame Bâ entgegen, die gerade am Arm ihres Mannes auf den Flur hinausgeht. Wir grüßen uns, und jeder setzt seinen Weg fort. Doch ihr Blick und ihr Lächeln hatten mich neugierig gemacht, und ich wollte sie besser kennenlernen. Als ich das Nachbarzimmer wieder verlasse, klopfe ich an ihre Tür.

Madame Bâ ist Ärztin und stammt aus Kamerun. Sie kämpft schon lange gegen eine rezidive Krebserkrankung. Sie hofft, wieder zu Kräften zu kommen und das Hospiz verlassen zu können. Schon bald sagt sie mir, daß sie Muslimin ist, daß es ihr aber Freude macht, mit mir zu sprechen, weil sie alle Gläubigen respektiert und weil sie denkt, daß es nur einen Gott gibt, den jeder auf seine Weise und innerhalb seiner Kultur anbetet …

Wir werden uns noch oft wiedersehen; und als die Krankheit ihr eine kurze Pause gönnt, verläßt sie das Palliativzentrum, um nach einigen Monaten zurückzukehren; sie ist müder als beim ersten Mal, doch sie sieht dem Ende ihres Lebens mutig und klar entgegen: in dem glücklichen Bewußtsein, daß man für sie betet, voller Vertrauen und in der sicheren Gewißheit, jenem Gott zu begegnen, zu dem sie so oft ihre Zuflucht genommen hat.

* * *

Ich war nicht von mir aus zu Madame Cohen gegangen; doch eines Tages kam ich an ihrer offenen Zimmertür vorbei, und sie winkt mich herein; ganz unumwunden fragt sie mich, ob ich in der Messe in ihren Anliegen beten könnte … Obwohl sie Jüdin ist, schaltet sie in ihrem Fernseher häufig den „Kapellenkanal“ ein, auf dem Musik läuft und über eine Kamera das Innere der Kapelle zu sehen ist. Sie möchte ihr Beten mit dem der anderen Beter vereinigen, und sie wird diese Messe auf dem Bildschirm verfolgen. Warum sollte Gott das Gebet eines Menschen aussortieren, der auf ihn vertraut?

Habt keine Angst ...

Im Angesicht des Todes ist die Angst ansteckend. Deshalb ist es wichtig – und die Ärzte achten sehr darauf –, genau zu unterscheiden, um welche Art von Angst es sich handelt: Angst vor dem Tod, Angst vor dem Leiden, Angst um die, die zurückbleiben – jede Ursache erfordert eine andere Reaktion; und wenn die drei Formen sich vermischen, muß man bei dem Versuch, zu helfen oder zu trösten, die Anliegen des Kranken so gut wie möglich von den Anliegen seiner Umgebung trennen.

* * *

Sie ist eine mutige Frau um die sechzig, die schon seit langem gegen einen Lungenkrebs kämpft; er scheint sich weiter ausgebreitet zu haben, und die Ärzte haben keine Hoffnung mehr, ihn heilen oder auch nur eindämmen zu können. Jung verwitwet, hat sie ihre einzige Tochter allein großgezogen; sie ist Lehrerin und kommt ihre Mutter besuchen, wann immer sie kann. Die Mutter will die Waffen nicht strecken, will sich der Krankheit nicht geschlagen geben und legt deshalb Wert darauf, aufzustehen und sich anzukleiden. Als ich sie besuche, sitzt sie im Sessel und ist an ihr Beatmungsgerät angeschlossen.

Sie erzählt mir von ihrem Leben, in dem es nicht an Prüfungen gefehlt hat, und von ihrer Tochter; dann spricht sie über ihren Glauben und gesteht ihre Angst. Sie hat Angst vor den letzten Augenblicken, weil sie fürchtet, zu ersticken. Obwohl das eher ein medizinisches Problem ist, traue ich es mir zu, sie zu beruhigen; aufgrund der Erfahrungen, die ich in den letzten Jahren gemacht habe, versichere ich ihr, daß man sie nicht wird erstikken lassen; daß man sie, wenn sie das wünscht, zum gegebenen Zeitpunkt in einen künstlichen Schlaf versetzen kann und daß sie, was auch immer geschieht, die allerbeste Betreuung erhalten und bis zum Ende nicht allein sein wird. Sie scheint beruhigt, und wir können uns persönlicheren Themen zuwenden. Nach und nach faßt sie Vertrauen und äußert den Wunsch, zu beichten. Daraufhin erzähle ich ihr vom Sakrament der Krankensalbung, von der Hilfe und dem Vertrauen, das dieses Sakrament ihr schenken kann, wenn die Kräfte und der Mut nachlassen ... Sie sträubt sich; der Gedanke an die Letzte Ölung ist noch zu tief verwurzelt, und sie assoziiert das Sakrament mit den letzten Momenten ... Um sie zu beruhigen, sage ich ihr, wie wichtig es ist, bei der Feier des Sakraments von seinen Lieben umgeben zu sein; ihre Tochter kommt immer abends; das ist für mich nicht besonders praktisch, aber mittwochs kommt sie auch am Nachmittag. Heute ist allerdings Donnerstag! Um deutlich zu machen, daß ich das Sakrament nicht für so dringend halte, schlage ich ihr vor, es am Mittwoch der kommenden Woche zu feiern. Sie will ihrer Tochter noch am selben Abend Bescheid geben.

Ich besuche sie weiterhin, und wir bereiten uns auf die Feier des Sakraments vor. Ich spüre, wie ihr Vertrauen wächst, die Auflehnung läßt nach. Schließlich ist Mittwoch. Sie sitzt in ihrem Sessel, geschmackvoll gekleidet, sorgfältig frisiert. Ihre Tochter ist aufgewühlt und hält die Tränen nur mit Mühe zurück ... Ich nehme mir Zeit für eine „pädagogische“ Feier, bei der ich mich ebenso an die Tochter wie an die Mutter wende. Sie stellen Fragen, nehmen teil, antworten, beten mit mir. Dann lasse ich die beiden mit ihren Gefühlen allein, alle Furcht scheint verschwunden; ich verspreche, am nächsten Tag wiederzukommen.

Als ich am Donnerstag ins Haus komme, will ich sofort zu ihr gehen. Ihr Zimmer liegt ganz am Ende des Flurs; die Tür ist geöffnet, und ich sehe eine Krankenschwester an ihrem Bett; also warte ich auf dem Gang, bis sie ihre Arbeit beendet hat. Wie groß ist meine Überraschung, als die Schwester aus dem Zimmer kommt und zu mir sagt:

– Es ist zu Ende ...

Sie ist soeben verstorben. Ich betrete das Zimmer; sie ist angekleidet, liegt in ruhender Haltung auf ihrem Bett. Ihre Augen sind geschlossen, und sie sieht ganz so aus, als ob sie schliefe! Ihr Gesicht verrät keinerlei Anspannung, nichts deutet darauf hin, daß sie gekämpft oder gelitten hat: Sie ist im Schlaf gestorben, und sie hat nichts von dem gespürt, wovor sie sich so sehr gefürchtet hatte.

Lange Zeit habe ich mir die Frage gestellt, welchen Anteil das Sakrament an der Friedlichkeit dieses Todes gehabt haben mag; hatte sie endlich keine Angst mehr gehabt, hatte sie die Kraft erhalten, ihr Leben und ihren Tod einfach zu akzeptieren?

Und immer entstehen Bindungen …

Auf einer Palliativstation weiß man nie, wieviel Zeit man zur Verfügung hat! Deshalb darf man keine Zeit verlieren. Der erste Kontakt ist wesentlich; und wenn die Beziehung problematisch ist, muß man dafür eine Lösung finden – entweder, indem man den Gesprächspartner wechselt, oder indem man mit dem Pflegeteam, den Psychologen oder den Sozialarbeitern die bestmögliche Methode herausfindet; wesentlich sind auch die Beziehungen zu den Mitgliedern des ehrenamtlichen Besuchsdiensts; obwohl ihre Anwesenheit neutraler ist als die des Seelsorgeteams, vertrauen die Kranken oder deren Familien ihnen zuweilen Fragen an, die sie dann an uns weitergeben; und wir weisen sie umgekehrt manchmal auf Kranke hin, die ihre so beruhigende Anwesenheit brauchen …

Diese Beziehungen sind ungeschuldet, gehören der Ebene der Liebe an und werden deshalb nicht durch den Tod beendet. Wenn ich in meinem Herzen die Erinnerung an all diese Menschen bewahre, denen ich im Lauf dieser fünf Jahre begegnet bin, dann deshalb, weil sie zu denen gehören, die mir liebgeworden sind. Heute an sie zu denken, löst weder Bitterkeit noch Bedauern aus; eher ein sehr sanftes Gefühl, wie man es für einen Freund empfindet, der zu einer langen Reise aufgebrochen ist und von dem man keine Nachrichten erwartet, und vielleicht eine Frage: Wie ist es dort?

Eines Tages werden wir uns erneut begegnen, und wir werden glücklich darüber sein.

Ein Neuankömmling bittet gleich am ersten Tag um den Besuch eines Seelsorgers. Das Zusammensein mit ihm ist sehr nett, denn der Mann hat sich trotz seiner schweren Krankheit seine geistige Präsenz und Jovialität bewahrt. Er ist verheiratet gewesen, hat aber keine Kinder, nur wenige oder gar keine Verwandten und hat den größten Teil seines Lebens in Ägypten verbracht, wo er als Reiseleiter gearbeitet hat; er liebt Geschichte, Literatur ... und Gesellschaft! Und er ist redselig! Ich werde schon bald feststellen, daß man sich, wenn man sein Zimmer einmal betreten hat, nur mit Mühe wieder losreißt, weil die Gespräche mit ihm so interessant und die Themen so vielfältig sind! Schon bald gewöhne ich es mir an, ihn an das Ende meines Besuchsrundgangs zu setzen, damit das Abendessen oder eine planmäßige Verpflichtung mir einen Vorwand liefern, ihn wieder zu verlassen ...

Monsieur H. leidet an einer wenig bekannten Krankheit, über deren möglichen Verlauf man nichts weiß; da sich sein Zustand stabilisiert zu haben scheint, wird nach einigen Monaten seine Rückkehr nach Hause anvisiert. Glücklicherweise wohnt er im Erdgeschoß eines neueren Wohnhauses. Die Pflege und die alltäglichen Bedürfnisse werden organisiert, doch so sehr er sich auch darauf freut, nach Hause und zu seinen Büchern zurückzukehren, so sehr werden ihm die Fürsorge des Pflegepersonals und die regelmäßigen Besuche des Seelsorgeteams fehlen. Monsieur H. ist ein gläubiges Mitglied seiner Gemeinde; er kennt dort nicht viele Leute und bedauert es lediglich, daß der neu ernannte Pfarrer sich gar nicht für seine älteren Pfarrkinder interessiert!

Ich besuche ihn zu Hause und treffe ihn in guter Verfassung in einer etwas ungepflegten Wohnung an, die teilweise bis unter die Decke mit Büchern vollgestopft ist. Er freut sich über Besuch, aber den Mitarbeitern der örtlichen Vereine hat er als erstes klargemacht, daß er kein Bridge spielen will und daß er auch niemanden braucht, der ihm bei den Einkäufen hilft oder mit ihm spazierengeht ... Er fände gerne jemanden, der ihm hilft, seine Bibliothek aufzuräumen, oder ihn auf Ausstellungen und Konzerte begleitet ... Unglücklicherweise gibt es in den städtischen und kirchlichen Organisationen keine geeigneten Helfer!

Eines Tages kommt er ins Palliativzentrum zurück. Er ist sehr geschwächt und fühlt, daß das Ende näher ist ... Auf dieser Etappe ergreift ihn eine Furcht, die sich bisher nicht gezeigt hatte. Er vermag das Alleinsein nicht mehr zu ertragen, und als das Sprechen ihm schwerzufallen beginnt, wird die Angst so übermächtig, daß Pfleger und Besucher ihn kaum beruhigen können. Ich erwähne die Krankensalbung, was bei ihm gemischte Gefühle hervorruft: den Wunsch, sich von diesem barmherzigen Gott, an den er fest glaubt, helfen zu lassen, aber auch den Eindruck, sich auf eine neue Etappe zu begeben, eine Schwelle zu übertreten, hinter der die direkte Vorbereitung auf den Tod beginnt. Wir feiern das Sakrament an einem schönen, sonnigen Nachmittag mit allen, die ihm wichtig sind: einem oder zwei alten Freunden, einigen Pflegern und den Mitgliedern des Seelsorgeteams, die zu diesem Anlaß zusammengekommen sind. Alle spüren, wie wichtig unsere Anwesenheit für Monsieur H. ist.

In den darauffolgenden Tagen geht seine Kraft langsam zur Neige; schon sehr bald hört er auf zu sprechen. Die Besuche sind nun stiller, aber seine Hand, die in der meinen liegt, ist ein stärkeres Zeichen für die Bindung, die in den letzten Monaten gewachsen ist, eine wesentliche, lebendige Bindung …

Bis daß der Tod euch scheidet …

Madame Gonzales ist Spanierin. Sie hat lange Zeit als Hausmeisterin gearbeitet, bis sie ein Atelier für Näharbeiten eröffnet und sich auf Bühnenkostüme spezialisiert hat. Stolz präsentiert sie ihre Mappe mit den Bildern von zahlreichen Schauspielerinnen, für die sie gearbeitet hat, und von Filmregisseuren, die ihr vertraut haben …

Sie selbst ist immer sehr sorgfältig zurechtgemacht; Freundinnen, die sie praktisch täglich besuchen, helfen ihr, sich ihren Schick bis zum Ende zu bewahren, schminken sie und kümmern sich um Schnitt und Farbe ihrer Haare. Sooft sie kann, besucht sie die Messe in der Kapelle, oft in Begleitung dreier Freundinnen, die aussehen, als kämen sie geradewegs aus einem Film von Almodóvar. Doch das Sprechen bereitet Madame Gonzales infolge ihrer Krankheit größte Mühe, und man sieht ihrem Gesicht an, wie sehr sie darunter leidet, sich nicht mitteilen zu können.

Monsieur Gonzales kommt täglich etwa im halben Nachmittag; er hat sich mit seinem Chef abgesprochen und kann sehr früh mit der Arbeit beginnen und am frühen Nachmittag Schluß machen, um an das Krankenlager seiner Frau zu eilen. Uns wird schnell bewußt, daß er die Hilfe des Seelsorgeteams mindestens ebensosehr benötigt wie sie. Er kann sich ein Leben ohne sie einfach nicht vorstellen! Sein Kummer und seine Verstörtheit sind mitleiderregend. Er spricht wenig, doch manchmal findet man ihn in einem entlegenen Winkel des Hauses oder in der Kapelle, wo er nur mit Mühe seine Tränen zurückhalten kann. Wenn man sich das Umfeld von Madame Gonzales anschaut, dann ist man überrascht von dem Kontrast zwischen ihr, einer sehr gepflegten Frau mit einem eindrucksvollen Erscheinungsbild, ihren drei unzertrennlichen Freundinnen und ihrem Mann, der von kleiner Statur ist, schmächtig, zerbrechlich, schweigsam; die Liebe, die sie eint, macht ihnen die Trennung unerträglich.

Wir begleiten sie, so gut wir können, achten ihren Schmerz und die Fragen, die in dieser tiefgläubigen Frau aufkeimen. Als sie stirbt, können wir nicht mehr tun, als der stillen Trauer ihres Mannes Raum zu geben, der in den darauffolgenden Monaten noch mehrmals in die Kapelle zurückkehren wird.

Pläne schmieden

Es kommt vor, daß der Gedanke an ihren bevorstehenden Tod für kranke Menschen zu einer Art Besessenheit wird und sie sich in eine ausweglose Logik verrennen. Annie war ein solcher Fall. Sie kam an einem schönen Wintertag, und sagte gleich als erstes zu mir:

– Ich habe einen Gehirntumor, ich habe höchstens noch acht Tage …

Ich hatte eine zweifelnde Miene aufgesetzt und ihr gesagt, daß ich nicht beurteilen könne, ob diese Diagnose zutreffend sei; auf jeden Fall habe sie aber keinen Grund, diese acht Tage zu vergeuden, und wir würden versuchen, das Beste daraus zu machen. Sie war etwas überrascht von meiner Reaktion und beendete das Gespräch recht schnell. Dennoch hatte ich erfahren, daß sie Geschichtslehrerin war; sie hatte diesen Beruf mit großer Begeisterung ausgeübt und fand es nun mit achtundfünfzig Jahren ungerecht, daß sie nicht bis zu ihrer Pensionierung weiter unterrichten konnte …

Zwei Tage später sitze ich im Büro des Seelsorgeteams in der Nähe der Kapelle, als ein junger Mann hereinkommt und mit mir sprechen will. Er ist Annies Neffe. Die Familie hält zusammen; Annie ist das älteste von sechs Kindern; die Mutter war gestorben, als die jüngsten Geschwister noch klein waren, und so wurde sie für sie zu einer Art Ersatzmutter, eine Rolle, die sie mit Hingabe ausfüllte und die vielleicht erklärt, weshalb sie nie geheiratet hatte. Doch bis heute ist der Kontakt zu ihren Brüdern, Schwestern, Nichten und Neffen sehr eng geblieben ... Der Neffe erzählt mit von ihrer Leidenschaft für das Fach Geschichte; sie hat lange gearbeitet und geforscht, um eine Dissertation zu verfassen, die sie nun als ihr Lebenswerk hinterläßt ...

Als ich Annie wiedersehe, sagt sie erneut zu mir, daß sie bald sterben werde, das wisse sie ... Ich gehe nicht darauf ein und stelle ihr Fragen zu ihrem Beruf; ich spreche über ihre Doktorarbeit und frage nach dem Thema: die Großgrundbesitzer in der Yonne 1801! Diese Themenwahl erstaunt mich, und sie erklärt mir, daß Napoleon bei dem Versuch, die administrative Macht der örtlichen Eliten zu beenden, seine Präfekten angewiesen hatte, in jedem Departement eine Bestandsaufnahme des Großgrundbesitzes durchzuführen. Ein Professor, der herausfinden wollte, was aus den Familien von damals geworden war, hatte seine Studenten auf das Thema angesetzt; Annie, die ein Stück Land im Departement Yonne geerbt hatte, hatte viele Jahre in den öffentlichen Archiven zugebracht, um die Geschichte von an die zwanzig Familien zu erforschen ... Sie war in ihrem Element und dachte endlich nicht mehr an ihren bevorstehenden Tod!

Um Annies Interesse wachzuhalten, sprach ich mit ihr über einige Familien, die ich kennengelernt hatte, als ich selbst in der Yonne gelebt hatte; ich wußte, daß manche von ihnen hochinteressante Privatarchive besaßen, und fragte Annie, ob sie sie konsultiert hätte. Sie hatte nichts von deren Existenz gewußt, und deshalb begann sie nun davon zu träumen, daß sie ihre Dissertation ergänzen und aus diesen privaten Quellen die Informationen würde schöpfen können, die ihr bisher gefehlt hatten … Sofort bat sie ihren Neffen, ihr ihre Dissertation zu bringen, die sie sodann mir überreichte; vier gut dokumentierte, dicke Bände, die jedoch, wie so viele wissenschaftliche Arbeiten, mühsam zu lesen waren!

Ich las sie trotzdem, denn ich wollte ja mit Annie darüber sprechen …

Sie dachte nicht mehr an ihren Tod, sie war ins Leben zurückgekehrt!

Von da an sagte man mir jeden Tag, sobald ich ins Haus kam, daß sie mich ungeduldig erwarte. Offenbar hatte ich ihre Bindung ans Leben neu geknüpft, sie aus dem Gefängnis ihrer Krankheit herausgeholt, eine Tür geöffnet und ihren Charakter befreit … oh weh! Denn sie wurde wieder so autoritär wie eh und je, und das Pflegepersonal und die Ehrenamtlichen bekamen dies zu spüren. Man sah sie über die Gänge schreiten, den allzu mageren, großen Körper in einen rosa Morgenmantel gehüllt, die Perücke schief aufgesetzt und mit der strengen Miene einer Lehrerin, die während einer schriftlichen Prüfung die Aufsicht führt; sie hatte überhaupt keine Lust mehr zu sterben, und sie gab sich alle Mühe, sich das bißchen an Muskeln, was ihr noch blieb, durch gymnastische Übungen zu erhalten.

Die Wochen und Monate vergingen. Eines Tages kam sie mir wehmütig vor, und ich fragte sie, ob sie noch andere Pläne, andere Träume hätte … Da erzählte sie mir von einem alten Freund, der in Kanada lebte, jede Woche mit ihr telefonierte und den sie vor ihrem Tod gerne noch einmal gesehen hätte …

Im Sommer verließ ich das Hospiz für einige Wochen. Als ich zurückkehrte, erfuhr ich, daß sie sich von ihrem Krankenzimmer aus ein Flugticket und die nötigen Visa besorgt hatte und nach Québec gereist war. Dort hatte sie ihren Freund wiedergesehen, und dort war sie auch gestorben.

Sie hat bis zum Ende ein erfülltes Leben gelebt!

Einäscherung?

Die Frage stellt sich immer häufiger: Einäscherung oder Beerdigung?

Im allgemeinen tun sich die Angehörigen mit einer Einäscherung nach wie vor schwer, obwohl sie immer häufiger wird; selbst wenn dem Gang ins Krematorium eine religiöse Feier vorangeht, wissen sie vor Ort nicht so recht, wie sie sich verhalten sollen: Was tut man, ehe der Sarg in den Ofen eingefahren wird, was tut man während der Verbrennung, was tut man, um die Asche wiederzubekommen, was tut man mit der Asche …

Wenn Familien mit uns über diese Dinge sprechen, setzen wir alles daran, den Angehörigen unnötigen Kummer zu ersparen; vor allem wenn es vor der Einäscherung keine religiöse Feier gibt, raten wir ihnen, das Angebot des Krematoriums wahrzunehmen und die Feier mit den Seelsorgern vor Ort zu organisieren; doch ebenso, wie es nicht üblich ist, sich noch länger auf dem Friedhof aufzuhalten, nachdem der Sarg bereits in die Erde hinabgelassen worden ist, empfehlen wir den Familien auch, nicht während der Verbrennung im Krematorium zu warten. Und wenn die Asche anschließend verstreut wird, dann schlagen wir ihnen vor, zumindest eine Plakette für den Verstorbenen anbringen zu lassen:

auf einem Friedhof oder an einem anderen Ort, an dem man seiner in Stille gedenken kann.

Ich war im Büro des Seelsorgeteams und hatte die Tür offengelassen. Zwei Mädchen – ein bißchen verschüchtert, ein bißchen zu stark geschminkt – gehen in die Kapelle und kommen rasch wieder heraus; ich ahne, daß sie vor der Muttergottesstatue eine Kerze angezündet haben. Sie scheinen etwas zu suchen, nicht zu wissen, wohin sie gehen, was sie tun sollen …

Ich frage, ob ich helfen kann. Sie zögern, und ich schlage ihnen vor, hereinzukommen und sich zu setzen. Die eine von ihnen ergreift das Wort. Sie ist einundzwanzig Jahre alt.

– Heute ist der Todestag meines Vaters. Das war vor drei Jahren. Er ist hier gestorben … Er ist eingeäschert worden, seine Asche wurde verstreut, und ich habe keinen Ort, der mich an ihn erinnert, keinen Ort, wo ich ihm begegnen kann. Also wollte ich hierher zurückkehren, weil ich ihn hier zum letzten Mal gesehen habe … Aber weil ich nicht wußte, ob ich mich hertrauen würde, habe ich eine Freundin gebeten, mich zu begleiten …

Wir unterhalten uns eine ganze Weile. Dieser Todestag ist schmerzlich, und die Worte dieses Mädchens verraten ihre Einsamkeit und ihre Verwirrung. Sie weiß nicht, ob sie an etwas glaubt, sie würde gerne; sie würde gerne mit ihrem Vater sprechen, sie leidet unter seiner Abwesenheit … Und dieser Ort hier, an dem sich die Trennung vollzogen hat, wird nun zu dem Ort, an dem sie den, der ihr so sehr fehlt, wiederfinden und das zerrissene Band neu knüpfen kann. Als sie geht, ist sie ein wenig getröstet, ein wenig heiterer …

Sicherheit

Sie ist Palästinenserin, unverheiratet, intelligent, lebt seit über dreißig Jahren in Frankreich; ihr Zustand ist ihr deutlich bewußt, und sie wird die wenigen Wochen, die sie im Palliativzentrum verbringt, mit großem Mut durchleben – getragen von ihrem Glauben und ihrem Vertrauen in die Fähigkeiten der Mediziner. Ihr Umfeld, Familie und Freunde, sorgt für eine tägliche und liebevolle Präsenz. Der Humor der Kranken erlaubt lebhafte Gespräche in ihrem Zimmer, lautes Lachen, eine Leichtigkeit des Tons, die durch den Ernst ihrer Lage nicht beeinträchtigt wird ... Überrascht und entzückt entdecke ich das Leben dieser kultivierten Palästinenser israelischer Nationalität, die jeden Tag mit den Schwierigkeiten ihrer besonderen Situation konfrontiert werden. Das Wort, das die Atmosphäre in diesem Krankenzimmer am besten beschreibt, ist Zärtlichkeit.

Sie beschließt ihre Tage also in bester Gesellschaft.

Ihre Cousins teilen mir mit, daß sie darum gebeten hat, in ihrer Heimatstadt Nazareth begraben zu werden. Deshalb wird sie so schnell wie möglich überführt, und es wird in Paris keine religiöse Feier geben. Aus diesem Grund beschließen wir, alle Freunde und Verwandten, die sich an ihrem Krankenlager abgelöst haben, im Moment der Sargschließung zu einer kleinen Zeremonie in den Aufbahrungsraum zu bitten. Dieser Augenblick des Gebets wird sehr intensiv sein, doch er wird dem Bild jener Frau entsprechen, zu deren Andenken wir uns versammeln: eher wehmütig als traurig, und voller Hoffnung.

Und während der ganzen Feier frage ich mich, was wohl der Sicherheitsbeamte von El Al denken mag, der uns durch den Spalt der hinteren Tür hindurch beobachtet und darauf achtet, daß niemand etwas in den Sarg hineinlegt, ehe er versiegelt wird ... Obwohl er sich so diskret wie nur möglich verhält, erinnert seine Anwesenheit diese christlichen Palästinenser daran, daß ihr Gebet nicht über die Spannungen hinwegsehen kann, die ihr Land zerreißen – ein heiliges Land!

Eine jüdische Familie!

Den Kranken bekomme ich gar nicht zu Gesicht. Er erträgt nur die Pfleger, und das auch nur so selten wie möglich, aber er will weder von den Ehrenamtlichen noch vom Seelsorgeteam, ja nicht einmal von einem Rabbiner besucht werden!

Er wird gut umsorgt, und vor seiner Zimmertür oder in der Ecke, wo die Familien sich hinsetzen, eine Zeitschrift durchblättern oder einen Kaffee trinken können, sieht man häufig Frauen aller Altersklassen, manchmal auch einen Mann, aber überwiegend Frauen. Seine Frau, seine Schwestern, Schwägerinnen, Töchter, Nichten und Cousinen schaffen auf dem Gang ein Ambiente, das an ihr Geburtsland Algerien erinnert – mit seiner Sonne, seinem übersprudelnden Temperament und dem charakteristischen Akzent der nordafrikanischen Familien.

Wenn wir uns begegnen, tauschen wir zunächst nur Begrüßungsworte, später allgemeine Bemerkungen aus; nach und nach lernen wir uns besser kennen; ich erkundige mich nach dem Kranken und fühle mich sanft in den „Kreis der Familie" hineingezogen. Der Charakter des Kranken, seine Ansprüche und die Liebe, die jede dieser Frauen ihm auf ihre Weise entgegenbringt, werfen naturgemäß wesentliche Fragen auf; sie lassen mich an ihrem Leid, aber auch an ihrem Glauben teilhaben; wir sprechen über Gott und über die Barmherzigkeit, über die Familie und ihre Bindungen, über den Tod und die Begegnung mit dem Ewigen; die eine oder andere der Frauen, die einen Christen geheiratet hat, spricht davon, wie schwierig es ist, die Kinder zwischen zwei Kulturen, zwei Religionen großzuziehen …

Es ist ein seltsamer Weg, den wir auf den Gängen der Station zurücklegen, ein Weg der Wahrheit, ein Weg des Sichtens und Siebens, ein Weg der Annahme und des Friedens. Jede Begegnung, die uns hilft, einander besser zu verstehen, ist unendlich kostbar. Eine Freundschaft jenseits der Worte und der Religionen.

Auf die Nachricht vom Tod dieses Kranken hin versammelt sich die ganze Familie. In einer Mischung aus Umarmungen, Tränen und Danksagungen bewertet jede der Frauen die vergangenen Monate als eine Lektion des Lebens, in der sie etwas Wesentliches gelernt habe.

Es ist nie zu spät

Ich hatte gehört, daß gewisse Personen ihren vermeintlichen Einfluß geltend gemacht hatten, um für Monsieur D. einen Platz in unserem Haus zu bekommen. Und ich fürchtete mich ein wenig vor seiner Ankunft. Ich kannte Monsieur D. seit langem, denn ich war als Kind mit seinem Sohn befreundet gewesen. Ich wußte um seinen autoritären Charakter, seine strengen Überzeugungen, seine Laufbahn als angesehener Intellektueller, der sich jedoch für Dinge engagierte, die ich nicht teilen konnte. Seine Lehrtätigkeit und die verschiedenen Formen seines Engagements, dem er eine gewisse Berühmtheit verdankte, hatten ihn so in Anspruch genommen, daß er die Erziehung seiner eigenen Kinder notorisch vernachlässigt hatte.

Bei seiner Ankunft bittet er darum, täglich die Eucharistie zu empfangen, doch offenbar besucht ihn regelmäßig ein befreundeter Priester. Ich gehe, mich ihm vorzustellen, und schlage ihm vor, die Messe zu besuchen, doch er zieht es vor, sein Zimmer nicht zu verlassen. Wenn er es wünscht, kann er die Gottesdienste auf dem Bildschirm verfolgen. Bei diesem ersten Besuch stelle ich fest, daß er nichts von seiner autoritären Art verloren hat, und ich spüre auch, daß das Personal bereits ein wenig aufgebracht ist! Als ich ihn am Folgetag ein zweites Mal besuche, beginne ich jedoch zu ahnen, wie sehr dieser verschlossene und selbstsichere Mann leidet und wie schwer es ihm fällt, seinen „Verfall“ und seine Abhängigkeit zu akzeptieren …

Im Verlauf eines dritten Besuchs kommen wir auf das Thema der Demut und der Ergebenheit zu sprechen; ich habe den Eindruck, daß er irgendwie menschlicher zu werden beginnt … Da erinnere ich ihn an die Freundschaft zwischen mir und seinem Sohn. Er schweigt einen Moment, dann fordert er mich auf:

– Erzählen Sie mir von meinem Sohn …

Er scheint endlich zu entdecken, daß das Vatersein sich nicht darauf beschränkt, ein Kind zu zeugen und ihm die Mittel zur Verfügung zu stellen, damit er später auf eigenen Füßen stehen kann; daß das Band zwischen Vater und Sohn auch aus Zuneigung, aus Verständnis, aus all dem besteht, was er immer für zweitrangig gehalten hat. Ich spreche über Freundschaft, über Treue, und er hört aufmerksam zu; ich habe den Eindruck, daß sich eine Tür öffnet, die er immer geschlossen gehalten hat – aus Scham oder aus Angst vor seinen eigenen Gefühlen?

Er stirbt zwei Tage später. Doch ehe er stirbt, ist er lange mit seinem Sohn allein. Eine Freundin wird mir später erzählen, daß sie in diesen letzten Momenten endlich miteinander geredet, sich endlich das gesagt haben, was bisher immer ungesagt geblieben war: Worte der Zuneigung und Zärtlichkeit, die nicht nur die Jahrzehnte des Unverständnisses und der Kälte wettgemacht, sondern auch die Voraussetzungen dafür geschaffen haben, daß der eine in Frieden gehen und der andere endlich seinem Vater begegnen konnte, der die strenge Maske der lieblosen Pflicht bis fast zuletzt nicht abgelegt hatte.

Freundschaft

„Freunde, die uns helfen, findet man leicht;
die, die unsere Liebe einfordern,
verdient man sich langsam."*

Olivier ist noch keine dreißig Jahre alt. Vor fünf Jahren ist ihm ein Tumor von der Größe einer Pampelmuse aus dem Schädel entfernt worden. Olivier lebt alleine auf dem Land; seine Freundin hat ihn verlassen, und er verdient sein Geld mit Gelegenheitsjobs. Er ist Umweltschützer aus Überzeugung, liebt die Natur, sorgt liebevoll für seine Angorakatze, von der er sich nur schwer zu trennen vermag … Doch der Tumor kehrt zurück, und dieses Mal ist er inoperabel. Als er auf die Palliativstation kommt, bittet Olivier nicht darum, daß jemand vom Seelsorgeteam ihn besucht. Er bleibt in seinem Zimmer und umgibt sich mit Photographien von den Orten, die er liebt, Blumen aus seinem Garten, seiner Katze … Den ganzen Tag über hat er Kopfhörer auf den Ohren und hört Musik.

* Antoine de Saint-Exupéry, *Lettre à un otage* (dt.: *Bekenntnis einer Freundschaft*, 1995).

Die Pfleger bitten mich dennoch, einen Versuch zu wagen. Olivier hat seinen hünenhaften Körper in einen Sportanzug gehüllt, bleibt jedoch auf dem Bett liegen. Er hört seinen Walkman, und an der Art, wie er die Musik abschaltet, erkenne ich, daß ich ihn störe. Nachdem ich mich vorgestellt habe, frage ich ihn, was er gerne hört. Er antwortet:

– Bach.

Und nach einem kurzen Schweigen fragt er mich:

– Mögen Sie Bach?

Das Eis ist gebrochen. Wir sprechen über Musik, Interpreten. Die Barockmusik liebt er besonders, aber er mag auch Pop; auf seinem Nachttisch sehe ich CDs von den Beatles, Queen … Und der Besuch, der eigentlich kurz sein sollte, zieht sich in die Länge; inmitten der alltäglichen Gesprächsthemen blitzt immer wieder die Einsamkeit dieses Jungen auf, der gegen die Absurdität seiner Krankheit kämpft: Er weiß, daß der Tumor inoperabel ist, und die einzige Unbekannte ist die Zeit, die ihm noch bleibt. Ehe ich ihn verlasse, frage ich ihn, ob er möchte, daß ich wiederkomme. Sein Ja kommt spontan und ohne Zögern.

Ich besuche ihn regelmäßig. Jeden Tag. Ich lasse ihn existentielle Fragen und religiöse Probleme aufwerfen, wann immer ihm danach ist; an manchen Tagen bereiten Erschöpfung oder Schmerzen unseren Gesprächen ein verfrühtes Ende. Er ist zornig auf Gott, der ihm eine solche Prüfung schickt, er kann nicht beten … Angesichts einer solchen Verzweiflung bin ich machtlos. Zwar hat der Gott, an den ich glaube, nicht die Angewohnheit, solche Prüfungen zu verteilen – etwa so, wie man einen schlechten Schüler bestraft –, aber die Prüfung selbst kann ich nicht wegreden, und es fällt mir schwer, ihren Sinn zu erkennen ... Ich kann ihm nur Gesellschaft leisten, ihm helfen, jeden Tag so gut wie möglich zu leben. Von Tag zu Tag reichern sich unsere Gespräche immer mehr mit Fragen und Gedanken über das Leben und darüber an, wie schwer es uns fällt, all seine Parameter zu kontrollieren, und schließlich wird aus der Auflehnung Unverständnis, bis er schließlich wie ein Blinder, der sich auf den Arm eines Sehenden stützt, den Glauben seiner Verwandten zu Hilfe nimmt und sich führen läßt.

Außer von seinen Eltern erhält Olivier praktisch keinen Besuch. Ich wundere mich darüber und frage ihn eines Tages:

– Haben Sie Freunde?

Seine Antwort überrascht mich:

– Das werde ich Ihnen morgen sagen!

Ich schreibe es der Müdigkeit zu und lasse ihn sich ausruhen. Doch als ich am darauffolgenden Tag sein Zimmer betrete, sehe ich gleich, daß er auf mich gewartet hat. Er sagt:

– Sie haben mich gestern gefragt, ob ich Freunde habe; ja, ich habe Freunde.

Er hat offenbar verstanden, daß ich von Freunden spreche, die zählen und auf die man zählen kann. Ich frage, warum sie sich nicht blicken lassen ... er erklärt mir, es seien brillante Studenten gewesen; durch die Krankheit habe er sich von ihnen entfernt und den Kontakt verloren. Ist einer darunter, den er besonders gerne wiedersehen möchte? Die Antwort kommt prompt, und er gibt mir den Namen seines früheren Leiters bei den Pfadfindern, den er seit rund zehn Jahren aus den Augen verloren hat.

Es gelingt mir rasch, die Eltern des Pfadfinders ausfindig zu machen; ich rufe sie an, erkläre ihnen die Situation und bitte, daß ihr Sohn mich zurückrufen möge ... was er gleich am nächsten Tag tut. Der frühere Pfadfinderleiter ist ein brillanter Anwalt geworden und mit Arbeit überlastet; dennoch findet er Zeit, um seinen ehemaligen Kameraden zu besuchen. Als diese beiden jungen Männer, die das Abenteuer der Pfadfinderei verbunden hatte, sich wiedersehen, knüpfen sie problemlos an die alten Zeiten an, so unterschiedlich ihre Wege danach auch gewesen sein mögen. Und bis zum Ende wird der Anwalt immer wieder kommen, um den zu begleiten, dem er als Jugendlichem das Treueversprechen abgenommen hat, und er wird andere Mitglieder ihres Trupps zusammentrommeln, die ebenfalls kommen, mit dem Kranken in den Zirkus gehen und ihn die Isolation, in die die Krankheit ihn gestürzt hatte, ein wenig vergessen lassen ...

Olivier wird verlegt, doch die, die versprochen haben, bis zum Ende bei ihm zu sein, bleiben an seiner Seite. Nach und nach fällt er in ein Koma, das es ihm unmöglich macht, sich mit Worten auszudrücken. Doch an der Art, wie er meine Hand ergreift, wenn ich in sein Zimmer komme, erkenne ich, daß er nicht nur meine Anwesenheit, sondern auch ein Wort braucht, das sich auf die Gewißheit der Auferstehung stützt: „Ist aber Christus nicht auferweckt worden, dann ist unsere Verkündigung leer und euer Glaube sinnlos ...“ (1. Korintherbrief 15,14). Ich gehe am Abend zu ihm, wenn es still wird auf der Station. Manchmal begegne ich seinem Vater oder seiner Mutter, die um so verlorener wirken, je mehr er sich entfernt; und ich bleibe einen

Moment lang bei ihm und spreche fast im Flüsterton, um die abendliche Ruhe nicht zu stören. Eines Abends scheint er mir in eine neue Etappe eingetreten zu sein, die ihn weiter von der Welt der Lebenden entfernt; ich weise seine Eltern darauf hin … und bleibe lange bei ihm; als ich ihn verlasse, wirkt er friedlich, und ich bin mir fast sicher, daß ich ihn nicht wiedersehen werde … Gegen Morgen hört er auf zu atmen.

Auf die Bitte seiner Eltern hin willige ich ausnahmsweise ein, die Exequien zu halten. Die wiedergefundenen Freunde sind da und wählen die Lesungen, die Fürbitten und die Lieder aus. Die Eltern sind am Boden zerstört, doch vielleicht öffnet die Anteilnahme der Freunde ihres Sohnes ihnen in der Nacht ihres Leidens und ihrer Fragen ein ganz kleines Fenster des Lichts …

Es ist nicht verboten, sich zu freuen!

Der Mensch ist manchmal recht einfach gestrickt und hat Mühe, seine Emotionen zu ordnen, wenn sie allzu widersprüchlich sind; und manchmal kollidiert die Traurigkeit der Trennung mit der Freude über eine Hochzeit oder eine Geburt ... In der Regel hat der Kranke mit seinen Emotionen oft weniger Schwierigkeiten als seine Angehörigen, und oft drückt er sie lebhafter aus.

Paul B. war ins Hospiz gekommen, als der Gehirntumor ihm bereits das Sprechvermögen geraubt hatte. Doch mit seinem verschmitztem Blick und seiner jovialen Ausstrahlung vermochte er seine Gefühle ebensogut zu zeigen wie ein vollendeter Schauspieler. Und Monique, seine Frau, verwandte eine beträchtliche Energie darauf, daß Paul sich nicht von der Welt der Lebenden abgeschnitten fühlte. Die Besucher strömten nur so ins Zimmer, Monique brachte Kuchen und Fruchtsäfte mit und entdeckte jeden Tag neue Möglichkeiten, Paul anzuregen und in seinem Kampf gegen die Krankheit anzuspornen. Denn Paul wartete ungeduldig auf die

Geburt seines Enkelkindes; seine jüngere Tochter, die in der Provinz lebte, sollte um Weihnachten herum ein Baby bekommen. Seit Oktober konnte sie nicht mehr nach Paris fahren, um ihren Vater zu besuchen, und die Trennung war für beide schmerzlich.

Paul war fasziniert von den Büchern von René Girard. Er hatte all seinen Freunden dessen Theorien erklärt und Vorträge organisiert; und er fand dort Antworten auf Fragen, die jeder sich stellt ... Als Monique mir eines Tages von Girard erzählte, mußte ich ihr gestehen, daß ich diese Lektüre recht schwerverständlich fand, woraufhin Paul seine neugierigen Augen weit aufriß. Monique übersetzte: Wenn Paul hätte reden können, hätte er mir ganz sicher in diesem Fach Nachhilfe gegeben ... Das wurde zwischen uns zu einer stehenden Redewendung. Als Weihnachten herannahte, verschlechterte sich Pauls Zustand. Monique war etwas ratlos und schwankte zwischen ihren „ehelichen Pflichten", die sie am Krankenbett ihres Mannes zurückhielten, und ihren „mütterlichen Pflichten", die sie zu ihrer Tochter riefen ... Als sie sich mir anvertraute, riet ich ihr, zu ihrer Tochter zu fahren, weil diese Geburt auch für Paul so wichtig war ... und in der Tat zeigte Paul nicht den geringsten Vorbehalt, als Monique ihm ihre Entscheidung mitteilte. Außerdem würde die ältere Tochter in Paris bleiben und den Vater täglich besuchen.

Als er von der Geburt seiner Enkelin hörte, vergoß Paul, der nichts mehr sagen konnte, eine Träne. Doch sein Gesichtsausdruck verriet eine Mischung aus Freude und Ergriffenheit über dieses Leben, das eben zu knospen begann, während das seine sich dem Ende zuneigte ... Und er wartete, bis Monique zurückgekehrt war, um diese Welt zu verlassen und sanft in jene aufzubrechen, von der aus er mit all seiner großväterlichen Liebe über das so sehnlichst erwartete Kind wachen konnte.

* * *

Für Irina hat die letzte Etappe ihres Lebens zu früh begonnen; sie wird die Enkelkinder, von denen sie immer geträumt hat, nicht mehr aufwachsen sehen; und als ihre Tochter ihr den ersten Enkel, Boris, gebar, war sie von der Therapierung ihrer Krankheit bereits erschöpft. Irina war in Rußland geboren und hatte eine ausgezeichnete Erziehung genossen. Sie interessierte sich für alles, brachte jedem Aufmerksamkeit entgegen, und jede ihrer Gesten, jedes ihrer Worte zeugte von jener ungekünstelten Eleganz, jener anmutigen Haltung und jener ein ganz klein wenig altmodischen Vornehmheit, die eine *Grande Dame* verrät.

Boris, den seine Mutter jeden Tag in einem Tragekorb mitbrachte, wurde schon bald zu unserem Hausmaskottchen: Seine großen hellen Augen blickten voller Erstaunen auf diese Welt des Leidens, und sein Babykorb gab inmitten der Krankenbetten ein Zeugnis von dem immer wieder neuen Wunder des erwachenden Lebens.

In der Kapelle war Slava, Irinas Mann, ein ganz anderer Mensch; in demütiger und andächtiger Haltung trat er ein, und lud den Kummer, der an ihm fraß und den er nicht länger verbergen konnte, bei Maria ab, der „Trösterin der Betrübten"; draußen dagegen war er der kraftstrotzende, lebensfrohe Slawe, der gutes Essen und starke alkoholische Getränke liebte und leicht mit dem Pflegepersonal und den Familien der anderen Kranken auf der Station in Kontakt kam. Überhaupt verstand es jedes Mitglied dieser Familie, um die Kranke herum für ein heiteres Klima zu sorgen; alle erkundigten sich nach dem Befinden der anderen Kranken, sprachen mit deren Angehörigen, und die nette Atmosphäre, die auf der Station herrschte, kam allen zugute.

Der kleine Boris war noch nicht getauft worden. Slava entschuldigte sich für seine Kühnheit und fragte, ob es möglich sei, die Taufe in der Kapelle stattfinden zu lassen; dann könnte Irina daran teilnehmen und diese letzte Freude erfahren.

Also bereiteten wir die Feier vor.

Man brachte Irina geschminkt, mit frischlackierten Fingernägeln und in einer Bettweste aus feinster Spitze in ihrem Bett in die Kapelle hinunter; alle anderen hatten sich ebenfalls feingemacht, und die Kapelle war mit Blumen geschmückt. Ein Pope und sein Helfer hatten eingewilligt, die Taufe an diesem ungewöhnlichen Ort zu feiern. Die Mitglieder des Seelsorgeteams, ein Ehrenamtlicher und einige Pfleger schlossen sich der Familie an. Und Boris protestierte nicht einmal, als der Pope ihn in das große Wasserbecken tauchte … Eine große Freude vereinte diese Familie, die sich auf eine schmerzliche Trennung vorbereitete. Irina starb eine Woche später, und noch lange hingen die Photos von der Taufe des kleinen Boris an den Wänden des Seelsorgebüros.

Champagner

Marguerite weiß genau, wo sie ist und warum sie hier ist. Diese unverheiratete Frau mit den energischen Gesichtszügen ist Ärztin und war selbst an der Einrichtung von Palliativzentren beteiligt. Der Chefarzt unseres Hauses war ihr Schüler. Marguerite wird das Ende ihres Lebens mit derselben Entschlossenheit in Angriff nehmen, mit der sie auch ihre Pflegeteams geleitet hat.

Obwohl sie viel Besuch bekommt – vor allem ihre Neffen und Nichten, die sie fast so lieben wie eine Mutter –, braucht Marguerite den regelmäßigen Kontakt zu einem Seelsorger; sie empfängt regelmäßig die Eucharistie. Und die Gespräche erreichen schon bald jene Höhe, in der man aus dem Glauben schöpfen muß, um stimmige Antworten geben zu können. Und wenn sie glaubt, genügend Material beisammen zu haben, um weiterzudenken, macht Marguerite dem Gespräch ein Ende und bittet mich:

– Im Kühlschrank steht eine Flasche Champagner. Würden Sie mir ein Glas einschenken?

Und wieder Knoten lösen ...

Man könnte sie eine „Kirchenmutter" nennen ... Denn Brigitte ist zuallererst einmal Mutter – eine Löwin von einer Mutter: Sie hat ein elementares Bedürfnis nach ihren Kindern, und obwohl die allesamt bereits erwachsen sind, beschützt sie sie, als ob die ganze Welt ihnen feindlich gesinnt wäre! Doch sie ist auch fest in der Kirche verankert, ein aktives Mitglied ihrer Gemeinde, mit zahlreichen Priestern befreundet, und gleich nach ihrer Ankunft bittet sie darum, täglich die Eucharistie zu empfangen. Unter ihren Kindern und ihrer Schwester, die Ordensfrau ist, ist Brigitte niemals allein. Sie führt ihr Leben weiter und regelt ihre Angelegenheiten, und oft, wenn man ihr Zimmer betritt, ist sie mit einer ihrer Töchter ins Gespräch vertieft – den Aktenordner in der Hand und mit ernster Miene.

Brigitte freut sich, wenn die Mitglieder des Seelsorgeteams sie besuchen, doch man muß den rechten Moment abpassen. Und da sie Ruhe braucht, begegnen wir ihren Besuchern immer wieder auf dem Flur. Bald kennen wir die ganze Familie, oder fast die ganze. Denn es gibt einige, die nicht mehr zu ihrem Beziehungsfeld gehören: ihren Mann, den die Krankheit und das Ungeschick aus dem gemeinsamen Haus und dem Familienleben ausgeschlossen haben, die Schwiegerfamilie, gegen die sie Groll und Ressentiments angehäuft hat, doch auch die Schwester ihres Mannes, die sie nicht mehr sehen will. Im Grunde hat sie um sich herum aufgeräumt und ihren Horizont auf das beschränkt, was sie kontrollieren kann.

Überdies ist sie eine „Mutter Courage“: Sie zeigt sich dem Schmerz gegenüber ungewöhnlich widerstandsfähig, und der Gedanke an den eigenen Tod vermag sie nur wegen der Zukunft ihrer Kinder mit Sorge zu erfüllen ... Doch das physische Leid ist da, und es wird offenbar durch ein Unbehagen verstärkt, das sie sich nicht eingestehen will und das keine Arznei lindern kann. Hin und wieder beklagt sie sich:

– Warum dauert das nur so lange?

Sie will, daß es ein Ende hat, doch das Leben hält sie fest ...

Ich schlage ihr vor, das Sakrament der Krankensalbung zu feiern, das sie bereits zu Beginn ihrer Krankheit empfangen hat. Sie stimmt freudig zu, und ich rege an, daß die ganze Familie an der Feier teilnimmt. Ich habe erfahren, daß die Kinder bei dieser Gelegenheit gerne beide Eltern vereint sähen, es jedoch nicht wagen, mit ihrer Mutter darüber zu sprechen. Ich schneide das Thema an und stoße zunächst auf kategorische Ablehnung. Ich bleibe hartnäckig, spreche davon, daß die Versöhnung notwendig sei, um ruhig sterben zu können; ich zitiere Cesbron: „Um in Frieden zu sterben, muß man wahrhaftig geliebt haben ...“ Brigittes Gesicht zeigt den inneren Konflikt und die Anstrengung, die ich ihr abverlange. Dann nimmt sie das Telephon, hält es mir entgegen und sagt einfach:

– Rufen Sie meine Tochter an …

Ich wähle die Nummer und gebe Brigitte den Hörer. Die Worte, die sie zu ihrer Tochter spricht, sind fast nur ein Hauch:

– Laß deinen Vater herkommen … schnell!

Michel ist über achthundert Kilometer entfernt … Brigitte legt den Hörer auf, sie atmet leichter; sie scheint von einer Last befreit, die sie zu ignorieren versuchte, an die sie jedoch ständig erinnert wurde: die Abwesenheit ihres Mannes, den sie selbst auf Distanz gehalten hatte. Und jetzt kann sie nur noch an seine bevorstehende Ankunft denken.

– Ich will, daß er bei mir schläft, in meinem Zimmer …

Ich beruhige sie und frage mich dabei doch, wie dieses Wiedersehen wohl verlaufen wird …

Die Kinder sind bewegt und glücklich über diese Entscheidung. Michel kommt am darauffolgenden Tag. Vom Pflegeteam erfahre ich, daß die Begegnung nicht einfach war, daß Brigitte immer wieder nach Michel gerufen, dann jedoch seine Anwesenheit nicht ertragen habe … Am Nachmittag sehe ich Michel im Garten auf einer Bank sitzen. Ich setze mich neben ihn. Er spricht ganz unumwunden von seinen Problemen, seiner Familie, seinem Leben in einem Ordenshaus, in dem er Hausmeisterdienste verrichtet; Schmerz und Scham mischen sich in diesem langen Monolog. Ich erfahre, daß seine Familie in meiner früheren Gemeinde lebt und daß ich die Schwiegerfamilie, die Brigitte nicht mehr sehen will, gut kenne!

Das Sakrament der Krankensalbung ist immer eine emotionale Feier, doch diesmal ist es besonders intensiv und wird zu einer Art Danksagung der Kinder, die ihre Eltern endlich vereint sehen!

Michel bleibt schließlich doch länger als vorgesehen. Am Haus der Familie ist einiges zu reparieren, und der Rasen muß gemäht werden; er hat den Eindruck, seinen Platz auf ganz natürliche Weise wieder einzunehmen.

Doch die Krankheit schreitet unerbittlich voran, und Brigitte wird immer schwächer. Oft dämmert sie vor sich hin, und wenn sie wach ist, weiß sie vor Schmerzen nicht, wie sie sich legen soll. Sie beklagt sich, glaubt, Gott habe sie vergessen. Ich halte mich an ihren Glauben und ihr Beten und erinnere sie daran, daß die Vergebung, die wir im Vaterunser für uns erbitten, an unserem eigenen Vergebungswillen gemessen wird: „Vergib uns, wie auch wir vergeben …" Brigitte antwortet nicht, aber als ihre Tochter kommt, bittet sie sie, Marie anzurufen, Michels Schwester, die im Périgord lebt. Sie will Frieden machen. Kaum hat sie Brigittes Stimme gehört, sagt Marie: „Ich komme", und nimmt den ersten Zug nach Paris. Sie versöhnen sich unter Tränen, doch Marie vertraut mir an, wie glücklich sie ist, daß sie diesen Moment erleben durfte.

Als Brigitte stirbt, sind ihre Kinder, ihr Mann und ihre Schwester, die Ordensfrau, bei ihr. Es ist ein sanftes Verlöschen. Sofort werden die anderen Mitglieder der Familie gerufen. Die jüngere Schwester, deren Mann mit Brigitte und ihren Kindern zerstritten war, ist besonders ergriffen. Ihr Mann will sie begleiten, bleibt dann aber doch in der Empfangshalle zurück. Als sie hören, daß er da ist, bitten Brigittes Kinder ihn zu sich in das Zimmer, in dem Brigitte noch liegt. Man sagt, ein Mensch sei auch nach seinem Tod noch für eine gewisse Zeit in dem gegenwärtig, was um ihn herum geschieht. Im Moment ihres Todes hat Brigitte nicht ohne Mühe alle Knoten gelöst, die die familiäre Harmonie gestört hatten, und sie hat ihrer Familie den lang entbehrten Frieden hinterlassen.

Zum Thema Euthanasie

Aus Angst vor dem Tod bitten einige Kranke, daß man ihrem Leid ein Ende bereitet, wenn sie glauben, es nicht mehr ertragen zu können. Eine Vereinigung, die in diesem Sinne aktiv ist, schlägt ihnen eine Art Vertrag vor. Und wenn sie auf der Palliativstation ankommen, ist ihre erste Frage: „Sind Sie bereit, mir den ‚tödlichen Cocktail' zu verabreichen, wenn es mir sehr schlecht geht?" Dem Leben ein Ende zu setzen, widerspricht der Philosophie der Palliativmedizin, und so gibt man den Kranken eine beruhigende Antwort: „Sie werden alles bekommen, was Sie brauchen, um Ihnen Schmerzen zu ersparen …"

Ich erinnere mich an einen jungen Kranken, der bei seiner Ankunft hartnäckig und mit einer gewissen Heftigkeit um die Beendigung seines Leidens bat – „die Spritze" … Während der Arzt ihm die nötigen Schmerzmittel verabreichte, um sein Leiden zu lindern, wichen die Ehrenamtlichen und die Pfleger nicht von seiner Seite und wechselten sich an seinem Bett ab, damit zu den Schmerzen nicht auch noch die Angst hinzukam; am darauffolgenden Tag war er ausgeruhter und wollte jemanden vom Seelsorgeteam sprechen, und nach einem weiteren Tag bat er um die Krankensalbung … Man hatte seine Schmerzen gut in den Griff bekommen, und so starb er einige Wochen später, ohne noch einmal um die Maßnahme zu bitten, die er am Anfang verlangt hatte; er hatte Zeit genug gehabt, alle Menschen wiederzusehen, die ihm wichtig waren, und sich von ihnen zu verabschieden …

Ihr Tod soll ihr nicht gestohlen werden!

Diese Kranke, die gleich bei ihrer Ankunft darum gebeten hatte, einen Seelsorger sprechen und die Messen in der Kapelle mitfeiern zu dürfen, war selbst Krankenschwester gewesen. Ich erinnere mich an ihren Gatten, einen einfachen Mann, den der bevorstehende Tod seiner Frau zutiefst verstörte. Er kam oft in die Kapelle, um sich Christus zu Füßen zu werfen oder Maria seine Verzweiflung anzuvertrauen. Und je weiter die Krankheit voranschritt, desto unerträglicher wurde ihm das Warten. Denn die Kranke lehnte alle schmerzstillenden Mittel ab. Schon mehrmals hatten die Pfleger und die Seelsorger versucht, sie zur Vernunft zu bringen, doch vergebens: Mehr als alles andere fürchtete sie die Spritze, die den Moment ihres Todes beeinflussen würde; und je mehr sie litt, desto weniger akzeptierte sie die Medikamente, weil sie jedesmal fürchtete, daß diese ihrem Leiden ein Ende bereiten würden – einem Leiden, das sie paradoxerweise an die Wirklichkeit des Lebens band. Aus Angst vor der Euthanasie lehnte diese Frau jede Linderung ab, die die Palliativmedizin ihr hätte bieten können; ihr Sterben war ohne Zweifel einer der schwierigsten Fälle, die ich je begleitet habe, und das Leiden war entsetzlich: für die Kranke selbst, aber auch für ihren Mann und die Krankenschwestern und Pfleger, die sich schrecklich hilflos fühlten angesichts dieser grimmigen Entschlossenheit, mit der die Kranke an ihrem Willen festhielt – nicht aus Furcht vor dem Tod, den sie als Erlösung erwartete, sondern davor, daß dieser Tod ihr gestohlen wurde.

* * *

Wer zum ersten Mal ein Hospiz oder eine Palliativstation betritt, ist vor allem von der Lebensbejahung überrascht, die ihm hier auf Schritt und Tritt begegnet und die sich auf die Gewißheit stützt, daß das Leben bis zum Tod gelebt werden muß. Und zwar gut gelebt. Das Lächeln der Dame am Empfang hat nichts Gezwungenes: Man sieht auf den ersten Blick, daß auch sie das Leben liebt. Auf den Gängen und in den Räumen des Pflegepersonals ist nicht selten Gelächter zu hören; man versäumt keine Gelegenheit, ein Fest zu feiern oder miteinander Kuchen zu essen. Diese Lebensfreude ist ansteckend. Ich erinnere mich an eine Kranke, die ihren sechzigsten Geburtstag eigentlich nicht mehr hätte erleben sollen … Ihre Tochter und ihre Freunde rechneten jeden Tag mit ihrem Tod. Doch sie hielt sich wacker. An ihrem Geburtstag versammelten sich alle in ihrem mit Girlanden geschmückten Zimmer und tranken Champagner; und in diesem festlichen Dekor starb sie wenige Tage später – sie ging einfach aus wie eine abgebrannte Kerze …

Wenn man das Leben liebt und Menschen begleitet, die ihr Leben lieben, dann steht man dem niemals gleichgültig gegenüber. Selbst wenn die Schwestern und Pfleger sich mehrheitlich bewußt dafür entschieden haben, in der Palliativmedizin zu arbeiten, selbst wenn der Tod zu ihrem täglichen Brot gehört, wird er doch niemals Routine, und jeder Abschied wird als ein Zerreißen geknüpfter Bindungen und Beziehungen empfunden. Ich erinnere mich noch an einen jungen Mann, der von den Antillen stammte, Vater dreier Töchter von drei verschiedenen Müttern; eher er ins Palliativzentrum kam, hatte er lange auf der Straße gelebt, und nun versuchte er nach und nach den Kontakt zu seinen Töchtern neu zu knüpfen. Die Jüngste war noch nicht erwachsen und kam, sobald die Schule ihr Zeit dazu ließ. Der Kranke starb bei einem dieser Besuche. Ich sehe das Mädchen noch heute aus dem Zimmer ihres Vaters kommen und sagen: „Kommen Sie schnell, er atmet nicht mehr …" Sie begriff die Realität nicht oder wollte sie nicht begreifen. Der Mediziner nahm sich Zeit, untersuchte den Patienten gründlich und brachte ihr die Vorstellung, daß er nicht zurückkommen würde, schonend näher. Der Schmerz der Tochter war unermeßlich; wir hielten es für ratsam, sie eine Weile mit ihrem Vater allein zu lassen, damit sie ihrem Kummer und ihrer vielgeprüften Liebe freien Lauf lassen konnte, doch wir gaben jemandem Anweisung, an der Zimmertür zu warten, damit für alle Fälle jemand da war … Eine Hilfsschwester wischte sich beim Hinausgehen heimlich eine Träne fort; sie hatte sich viel um den Kranken gekümmert, und ihre Trauer war zwar anders als die des Mädchens, doch nicht weniger real.

Wenn wir das Palliativzentrum als „Haus" bezeichnen, dann deshalb, weil es ein Ort ist, der immer offensteht. Man kann jederzeit kommen und solange bleiben, wie man möchte – den Angehörigen der Kranken werden in dieser Hinsicht keinerlei Einschränkungen auferlegt. Ein Vater einer vielköpfigen Familie, der Pfadfinder gewesen war, durfte miterleben, wie seine Kinder und Enkel sich Tag und Nacht an seinem Bett abwechselten, damit er nie allein war, denn er schlief nur wenig. Die Nacht vor seinem Tod brachten seine Enkelkinder damit zu, ihm die Pfadfinderlieder ins Ohr zu summen, die er so sehr liebte und die ihm das Engagement, zu dem er sich einst verpflichtet hatte, bis zum Schluß vor Augen hielten: „Herr, lehre uns, großzügig zu sein, dir zu dienen, alles zu geben …"

Ein anderer Kranker war ein erstes Mal zu uns gekommen; nach einigen Wochen schien sich sein Zustand stabilisiert zu haben, und seine Schmerzen waren unter Kontrolle. Also wurde er nach Hause entlassen. Sechs Monate später wurde seine Rückkehr unumgänglich; er bekam wieder sein altes Zimmer, denselben Service und dasselbe Personal wie zuvor. Erneut fanden die Ärzte Mittel und Wege, seine Schmerzen zu lindern, und da er sich ohne seine Unterlagen langweilte und sich nach seiner Wohnung sehnte, kehrte er ein zweites Mal heim. Als er zum dritten Mal kam und wieder den wohlbekannten Service und das altvertraute Zimmer vorfand, gestand er mit einem schönen Lächeln:

– Ich habe das Gefühl, nach Hause zu kommen …

Und dieses Zuhause war die letzte Station auf seinem Weg!

Kapellengeschichten

Wenn man die Kapelle betritt, steht links die Statue der Muttergottes; sie scheint geradezu die Hände nach den Bitten derer auszustrecken, die zu ihr flehen:

„Du Heil der Kranken,
Du Zuflucht der Sünder,
Du Trost der Betrübten ..."*

Manchmal steckt ein Kranker uns einen Schein zu und bittet uns, Blumen zu kaufen und sie vor die Marienstatue zu stellen ...

Der Christus hinter dem Altar scheint aus dem Grab aufzuerstehen und die Menschheit in seinen ausgebreiteten Armen mit emporzunehmen: zu seinem Vater, in ein Königreich des Friedens.

Dreimal in der Woche wird die Messe gefeiert und in die Zimmer übertragen. Die Kranken, die dabei sein möchten, werden im Rollstuhl oder im Bett in die Kapelle gebracht und bekommen einen Platz ganz nahe am Altar. Manchmal wirken sie abwesend oder schei-

* Lauretanische Litanei

nen zu schlafen, doch eine kleine Bewegung oder ein Wort zeigt, daß sie sehr viel präsenter sind, als man meinen könnte. Zuweilen ist auch ein Priester unter den Kranken, der die Messe mitfeiern möchte. Je nach Wunsch bleibt er unter den Kranken oder wird näher an den Altar herangeschoben, damit er konzelebrieren kann. Ich erinnere mich an einen Mitbruder, einen jener sperrigen Pariser Kleriker aus der Zeit von Erzbischof Marty; als er kam, ging er auf einen Stock gestützt, mit der Zeit mußte er einen Rollstuhl benutzen, und schließlich wurde er in seinem Bett hereingefahren. Bis zum Ende wollte er konzelebrieren. Als er nicht mehr die Kraft hatte zu sprechen, stellte ich mich direkt neben ihn und sprach gleichsam als sein „Lautsprecher" die Texte, die er mühsam und kaum hörbar artikulierte; am Vorabend seines Todes war er bei mir, mit der Stola bekleidet. Im Augenblick der Wandlung konnte er nur noch ganz schwach die Hand heben und nahm doch mit seinem ganzen Wesen teil an dieser Liturgie, in der das Leben Gottes selbst zur Speise wird.

Es gibt auch „Externe", die man regelmäßig in der Kapelle antrifft: eine Nachbarin, deren Tochter als Ehrenamtliche im Haus arbeitet; den früheren Abgeordneten des Arrondissements, der Witwer ist; einen anderen älteren Mann, dessen Frau vor über fünf Jahren hier verstorben ist und der, sooft er kann, zum Beten an diesen Ort kommt, wo ihn alles an die erinnert, die ihn verlassen hat. Die Kapelle ist ein Herz, das im Rhythmus dieses etwas besonderen Hauses schlägt, und ein Ort des Friedens, an dem jeder die zu schwer gewordene Last ablegen, Atem schöpfen oder danksagen kann. Vor der

Tür liegt ein Buch aus, in dem alle, die es möchten, ihre Gefühle niederschreiben können, ihre Auflehnung, ihr Vertrauen, ihre Fragen. Welche Antworten sie wohl mitnehmen? Auf jeden Fall werden viele etwas von jenem Frieden finden, den zu suchen sie hergekommen sind.

Auch die Mitglieder des Seelsorgeteams, die Ehrenamtlichen oder sogar die Schwestern und Pfleger kommen oft, um sich einen Moment in die Kapelle zu setzen. Denn in der Sterbebegleitung muß man auch innehalten können; man muß seine Grenzen erkennen und darf sie nicht überschreiten. Jemanden zu begleiten, der den letzten Schritt tut, eine Familie in diesem entscheidenden Moment zu betreuen, fordert eine besondere Beherrschung seiner selbst und seiner Gefühle. Doch zuweilen überstürzen sich die Ereignisse so sehr, daß uns keine Zeit zum Nachdenken bleibt. Dann muß man sich an die Strategie des Fallschirmspringers halten: vertrauen und springen!

Bei einer Gesprächsrunde des Seelsorgeteams, bei der das ganze Team in Anwesenheit eines Psychologen die besonders markanten Ereignisse des vergangenen Monats zur Sprache bringt, wollte Isabelle, die erst kürzlich zum Team gestoßen ist, über eine Erfahrung sprechen, die sie in schlechter Erinnerung behalten hatte. Sie war zum ersten Mal im Moment des Todes bei einem Kranken gewesen; und weil sie selbst durch diese Erfahrung ein wenig aus dem Gleichgewicht geraten war, hatte sie es als besonders schwierig empfunden, der Familie zu helfen … Als sie wieder zu Hause war, hatte sie darunter gelitten, daß sie allzu abrupt wieder in den Familienalltag zurückgeworfen wurde, kochen und sich die albernen Gespräche ihrer Kinder anhören mußte … Eigentlich hätte sie eine Pause gebraucht, um ihr Erlebnis zu verarbeiten, doch so hatte sie das Gefühl, einen Spagat machen zu müssen, ohne wirklich darauf vorbereitet zu sein. Mit der Hilfe des Psychologen tauschten wir unsere Erfahrungen aus und sprachen darüber, wie wir selbst uns in ähnlichen Situationen verhalten hatten; doch dann wurde unsere Runde von einer Krankenschwester unterbrochen, die hereinkam und uns bat, so rasch wie möglich zu einem Kranken zu kommen, dem es sehr schlecht gehe und dessen Familie um die Anwesenheit eines Seelsorgers bitte. Nach Beendigung unseres Treffens wollte ich mich gleich auf den Weg zu diesem Kranken machen, doch ich wurde aufgehalten … Isabelle bot sich an; ich könne sie später ablösen.

Als ich das Zimmer betrat, hatte der Kranke gerade seinen letzten Atemzug getan. Isabelle hatte also zum zweiten Mal jene Erfahrung machen müssen, die sie so erschüttert hatte … Auf Bitten der Familie improvisierten wir ein Gebet; die Angehörigen waren sehr erleichtert und bedankten sich herzlich bei Isabelle: der Kranke sei so gestorben, wie er es sich gewünscht hatte, im Kreis seiner Familie und betreut von jemandem aus dem Seelsorgeteam. Als ich mich anschließend bei Isabelle dafür entschuldigte, daß ich sie alleingelassen hatte, erklärte sie mir, wie sehr das Gespräch, das wir kurz zuvor geführt hatten, ihr geholfen habe, diese Bewährungsprobe nun gelassen durchzustehen.

Jeder Tag ist unvorhersehbar. Wenn ich morgens ankomme, weiß ich nicht, was der Tag bringen wird. Man händigt mir die Liste der anwesenden Personen und die Liste derer aus, die seit dem Vorabend verstorben sind. Das ist die erste Überraschung und die erste Prüfung des Tages. Ein Mensch, den ich gerne noch einmal gesehen hätte, ist in der Nacht verstorben … und der Anrufbeantworter im Seelsorgebüro gibt unterschiedslos und gleichgültig die verschiedensten Anliegen wieder: Anrufe der Verwaltung, Familien, die Hilfe benötigen, Pfleger, die uns ersuchen, schnellstmöglich zu einem bestimmten Patienten zu kommen … Wir müssen sie nach ihrer Dringlichkeit sortieren und darauf achten, daß kein Kranker vergeblich um unseren Beistand bittet. Wir müssen die Schwestern und Pfleger aufsuchen und Neuigkeiten austauschen, mit den Familien sprechen und die Kranken besuchen.

Jede Begegnung mit einem Kranken ist einzigartig. Da sind mechanische oder psychologische Kommunikationsschwierigkeiten, da ist die Einstellung des Kranken zu seiner Krankheit, zu seinem Glauben, seiner Kirche, da ist die Anwesenheit der Familie; wenn ich die Zimmertür öffne, ist es mir unmöglich, vorherzusagen, was passieren wird. Doch meistens habe ich, wenn ich das Zimmer wieder verlasse, das deutliche Gefühl, etwas Wichtiges erlebt zu haben. Manchmal bin ich erschöpft von der Anspannung: Ich muß zuhören, begreifen, was der Kranke mir mitteilen will, der fast gar nicht mehr spricht, der zu müde ist, um die Wörter oder Sätze zu vollenden, der seine ganze Kraft darauf verwendet, mir etwas zu sagen, was ich nicht verstehe; ich muß versuchen, ihm den

Trost zu spenden, den er braucht, muß versuchen, ihm auf seinem Weg die Richtung zu zeigen; ihn in einen Prozeß der Geburt, der Wiedergeburt eintreten zu lassen …

Denn so, wie die Geburt eine Schwelle ist, über die wir aus der wäßrigen, dunklen und warmen Welt des Mutterleibs auf die erste, entscheidende Etappe unseres Lebens gelangen, jenes aeroben, unabhängigen und unsicheren Lebens, in dem wir alle einige Jahre oder Jahrzehnte verbringen, so ist auch der Tod eine Schwelle, über die wir – wenn man an die Auferstehung glaubt – in eine zweite entscheidende Etappe gelangen: hinaus aus dieser uns bekannten Welt und hinein in das Reich Gottes, das Jesus uns verkündigt hat … Und so, wie unsere Geburt sowohl für das Kind als auch für seine Mutter mit einer ganzen Reihe von Schmerzen und mit der Trennung von diesem Körper einhergeht, in dem wir die ersten neun Monate unseres Daseins verbracht haben, so geht auch der Tod für den Sterbenden und die Hinterbliebenen mit Leid und mit einer Trennung von seinem natürlichen, familiären und sozialen Umfeld einher …

Sinnvoll ist der Tod nur auf das Jenseits hin …
Begreiflich ist der Tod nur von der Auferstehung her!
Friedlich ist der Tod nur als Geburt, als Neu-Geburt.

Und jede Begegnung mit einem Kranken läßt mich den Sinn und die Aktualität der Evangelien besser verstehen. Die Sorge Jesu um die Kleinen, die Armen, die Ausgegrenzten, die Sünder, die Isolierten, die Kranken ist nicht Ausdruck seines guten Herzens, seiner Großzügigkeit, seiner vollkommenen Menschlichkeit!

Es ist vielmehr so, daß diese Menschen nicht mehr die Maske des Erfolgs, der Arroganz, der Selbstzufriedenheit tragen, daß die Sehnsucht in ihnen wohnt und sie freimacht für ein Wort der Wahrheit und der Liebe. Weil sie nichts haben, sind sie verfügbar, aufmerksam, vertrauensvoll wie die kleinen Kinder, die Jesus seinen Jüngern als Beispiel hinstellt

Der Kontakt mit Kranken am Ende ihres Lebens hat mich den Blick des Herzens gelehrt, den einzigen Blick, mit dem man gut sieht, wie Saint-Exupéry sagt; den Blick eines Menschen, der seine ehrgeizigen Pläne aufgegeben, seine Privilegien losgelassen und seiner sozialen Stellung den Rücken gekehrt hat und der weiß, wie klein er vor dem Schöpfer aller Dinge ist; und der außerdem weiß, daß dieser Schöpfer ein liebevoller Vater ist, der auf ihn wartet und ihn aufnimmt. So aller Dinge entäußert, die sein Menschsein verhüllen, gibt der Kranke klar und strahlend den Blick auf Christus frei, der sich all diesen Kleinen des Daseins geschenkt hat.

Mado

Sie war der Anlaß zu diesem Buch.
Frauen wie Mado trifft man nicht oft. Zwei Wochen nach ihrer Ankunft begann sie sich Sorgen zu machen:

– Als ich hergekommen bin, war ich sterbenskrank, aber jetzt geht es mir viel besser; hoffentlich schickt man mich nicht wieder weg …

Sie hatte die Seite umgeschlagen, war aus ihrer Wohnung ausgezogen und wußte, daß sie ihre Tage hier beschließen würde. Immer in lebhafte Farben gekleidet, die Haare sorgfältig frisiert, liebte sie es, die Tür ihres Zimmers weit offenstehen zu lassen, damit ihr nichts von dem Leben auf der Station entging. Schnell hatte sie mit allen Bekanntschaft geschlossen, nannte alle Schwestern und Pfleger bei ihrem Vornamen und erkundigte sich bei den Angehörigen, die sie auf dem Korridor vorbeigehen sah, nach dem Zustand der anderen Kranken. Ihr Appetit auf Leben war ebenso beeindruckend wie ihre Ruhe angesichts des Todes. Sie hatte in demselben Viertel gelebt, in dem sich auch unsere Einrichtung befand, doch als sie die Schwelle ihrer Wohnung übertrat, um sich in die Hände der Palliativmedizin zu begeben, war sie entschlossen, nicht mehr heimzukehren. Und sie war es nicht gewohnt, einmal getroffene Entscheidungen rückgängig zu machen.

Ihr Leben war alles andere als ein „langer, ruhiger Fluß“ gewesen. Mit sechs war sie von einem entflohenen Sträfling vergewaltigt worden, und weil ihre Eltern die Vergewaltigung als Schande empfanden, hatte man sie aus dem Elternhaus verbannt; so war sie sehr jung unabhängig geworden, hatte den erstbesten Anwärter geheiratet und kurz nach der Geburt ihres dritten Kindes ihre Provinz und ihren Mann verlassen. In Paris wollte sie unbedingt Taxi fahren, und so wurde sie die erste Frau mit einer Taxilizenz. Dreißig Jahre lang war sie nachts Taxi gefahren, und zu ihren Fahrgästen zählten Politiker, Schauspieler, Simone Signoret, Jean Marais, Belmondo, Orson Welles; Prostituierte, die zur Arbeit fuhren, kleine Mädchen, die traurigen Heldinnen der „Ballets roses“; drei Kinder waren in ihrem Taxi zur Welt gekommen … Ein leidenschaftliches Leben, über das sie auch ein Buch geschrieben hat.* „Wenn ein Kunde in mein Taxi einstieg, packte mich die Lust, ihn zu psychoanalysieren!“, gestand sie mir … Mado hat eine solche Freude an den anderen, ein solches Interesse an den Menschen, ist so neugierig auf die Tiefen der Seele, daß sie allen nahesteht.

Doch Mado ist zurückhaltend, sie verrät wenig über sich selbst. Es braucht Zeit, bis wir auf spirituelle Fragen und existentielle Probleme zu sprechen kommen. Ihr Glaube ist einfach; sie hat keine Angst vor dem Sterben; sie vertraut.

Als sie mitten im Sommer stirbt, sind ihre Kinder in alle Winde zerstreut. Nur einer ihrer Söhne nimmt an der Ze-

* Mado Le Prince, *Mado taxi de nuit: aventures, mystères, passions de la nuit,* Paris 1986.

remonie teil, die wir vor der Beerdigung für sie organisieren. Die Mitglieder des Personals füllen den kleinen Saal. Ihre Zahl zeugt davon, welchen Platz Mado im Herzen eines jeden eingenommen hatte. Einer ihrer Stationsnachbarn, der sie regelmäßig besucht hatte, schlägt vor, einen Text zu lesen, den sie geschrieben hat. Mado habe ihm den Text am Vorabend diktiert, erzählt er uns ... – was uns ein wenig überrascht, da sie schon seit mehreren Tagen tot ist! Doch als er den Text vorliest, erkennt jeder Mado wieder: den Stil, die Wortwahl, das ist wirklich sie ... Und niemand versucht, das Geheimnis dieses Diktats *post mortem* zu lüften!

Ich stelle mir vor, wie sie jetzt jedem ihrer Kunden wiederbegegnet – in einem Dialog der Wahrheit, im Licht, das die Schönheit eines jeden offenbart – und wie sie endlich die Antworten auf all jene Fragen über den Menschen findet, die sie sich immer gestellt hat! Und ich bin zutiefst davon überzeugt, daß wir uns eines Tages wiedersehen und unser Gespräche wiederaufnehmen werden: über die Komplexität der menschlichen Beziehungen, die Größe der Kleinen und die Kleinheit der Großen, die Zerbrechlichkeit des Daseins und den geheimnisvollen und zuweilen verborgenen Glanz dessen, was man Leben nennt ...

„Sei bitte so gut, aus uns die Einheit zu bilden für deinen Sieg, und laß mich schlafen im Sand der Wüste, in der ich lebte, und meine Arbeit tat."*

* Antoine de Saint-Exupéry, *Die Stadt in der Wüste,* 1995, S. 13.

Epilog

Mado, Henri, Marguerite, ich erinnere mich nicht mehr an eure menschlichen Gesichtszüge; doch ich habe euch nicht vergessen, und ich weiß, daß ich euch wiedersehen und daß wir uns erkennen werden.

Ich habe euch in diesen fünf Jahren kennengelernt, und ihr habt mich den Wert des Lebens gelehrt. Ihr habt meinen Glauben gestärkt und die Texte des Evangeliums, aus denen er sich speist, lebendig werden lassen. Weil ich glaube, daß das Leben nur über den Tod hinaus einen Sinn hat, weil die Berichte von der Auferstehung Jesu mir die Gewißheit eines Wiedersehens geschenkt haben, habt ihr mir wie in einem Mosaik jeder einen anderen Zug des Antlitzes Christi geoffenbart. Dank eurer Hilfe habe ich die Tragweite des Wortes ermessen dürfen, das der heilige Matthäus uns überliefert: „Ich war krank und ihr habt mich besucht. – Herr, wann haben wir dich krank gesehen und sind zu dir gekommen? – Was ihr für einen meiner geringsten Brüder getan habt, das habt ihr mir getan ..." (Matthäus 25,40). Denn Jesus sagt nicht: „Das ist, als ob ihr es mir getan hättet", sondern: „Das habt ihr mir getan." Er zeigt also, daß er nicht nur „im" Kranken ist, sondern daß er der Kranke *ist*.

Den Kranken zu respektieren, auf seine Bedürfnisse zu achten, sich um Linderung zu bemühen ist nicht nur ein soziales, humanitäres Werk; es heißt auch, Christus zu respektieren, auf ihn zu achten, ihm Linderung zu verschaffen, wenn er es braucht; es heißt, Glauben und Werke miteinander in Einklang zu bringen; es heißt, zu begreifen, daß das Leben jenseits der Banalität des Daseins, jenseits der Absurdität des Bösen eine herausragende Kraft und einen Sinn besitzt und daß die Suche nach diesem Sinn uns wachsen läßt.

Ein Hospiz ist eine Schule des Lebens. Man lernt dort Respekt, Demut, Mitgefühl. Man lernt aber auch, daß der Mensch zum Leben Liebe und Hoffnung braucht. Auch wenn die Trennung für den Gläubigen nicht das Ende, sondern nur eine Etappe ist, bleibt sie doch ein Einschnitt, der die Beziehungen unterbricht; und das Leiden mißt sich immer an der Intensität dieser Beziehungen.

Wie in der Ehe. Das „auf immer und ewig“ ruft bei vielen nur noch ein skeptisches Lächeln hervor, doch ich möchte die Paare, die zögern, sich in einer Ehe aneinander zu binden, gerne einladen, ein Praktikum auf einer Palliativstation zu absolvieren. Hier könnten sie ermessen, welche Hingabe und Aufmerksamkeit dem von der Krankheit geschwächten Ehepartner entgegengebracht wird, wenn sein Charakter sich durch die Prüfung verhärtet hat und die negativen Züge seiner Persönlichkeit die Oberhand gewinnen; hier würde ihnen bewußt, wie schmerzlich es ist, von dem Mann oder der Frau getrennt zu werden, mit dem man Freuden und Leiden, Mühen und Herausforderungen geteilt hat, und daß man sich trotz der Zeiten, in denen der Himmel grau war, an die sonnige Erinnerung glücklicher Tage klammert …

Ich danke euch, die ihr mich den Reichtum, die Tiefe und die Kraft dieser ehelichen Liebe gelehrt habt, auf die mein priesterlicher Dienst mich hat verzichten lassen. Ich durfte feststellen, daß eure Liebe ewig ist und Tod und Trennung überdauert, und das war für mich ein zusätzlicher Beweis für die Auferstehung. Wenn der Gott, an den ich glaube, nur Liebe ist, wie Pater Varillon* gerne sagte, dann ist er stärker als der Tod. Er ist Leben.

Ich danke euch, die ihr mir die Ehre erwiesen habt, mir eure letzten Worte, eure letzten Blicke, eure letzten Bekenntnisse anzuvertrauen. Ihr wart meine Lehrer der Menschlichkeit, denn ihr habt mir die Freude am Leben zurückgegeben, ihr habt mir die Richtung gezeigt, und ihr habt mich davon überzeugt, daß ich keine Zeit verlieren darf, damit jeder Moment, der mich noch von meinem Tod trennt, ewige Gültigkeit erhält.

Ein Moment ist kurz, doch mehr braucht es nicht, um ein Leben zu verändern.

„Wach auf, meine Seele!
Wacht auf, Harfe und Saitenspiel!
Ich will das Morgenrot wecken“ (Psalm 57,9).

* Jesuit und Verfasser von *Joie de vivre, joie de croire,* Paris 2000.

Nachwort

„Wie hätte ich ahnen können, daß ich noch einmal so glücklich werden würde? Erfüllt von einem endlosen, grenzenlosen Glück, das nichts will, nichts erwartet außer dem Wunder jeder Begegnung, jeder Sekunde! Ich wage nicht, es anders zu nennen als Glück, doch das, was in mir wohnt, ist in Wirklichkeit noch stärker."*

Christiane Singer,
24. Januar 2007

* Christiane Singer, *Derniers fragments d'un long voyage*, Paris 2007, S. 103. Christiane Singer starb im April 2007.

ISBN 978-3-86744-005-9
gebunden, 160 Seiten

Stefan Rehder

DIE TODESENGEL

Euthanasie auf dem Vormarsch

Dignitas und Co.: Ein Journalist blickt hinter die Kulissen und zeigt, wie skrupellose Sterbehelfer die Angst vieler Menschen vor Schmerzen und langem Leiden für ihr Geschäft mit dem Tod ausnützen.

ISBN 978-3-86744-083-7
gebunden, 192 Seiten

SANKT ULRICH VERL